Anti-manuel d'intelligence artificielle

Éditions Eyrolles
61, bd Saint-Germain
75005 Paris
www.editions-eyrolles.com

Depuis 1925, les Éditions Eyrolles s'engagent en proposant des livres pour comprendre le monde, transmettre les savoirs et cultiver ses passions !

Pour continuer à accompagner toutes les générations à venir, nous travaillons de manière responsable, dans le respect de l'environnement. Nos imprimeurs sont ainsi choisis avec la plus grande attention, afin que nos ouvrages soient imprimés sur du papier issu de forêts gérées durablement. Nous veillons également à limiter le transport en privilégiant des imprimeurs locaux. Ainsi, 89 % de nos impressions se font en Europe, dont plus de la moitié en France.

ISBN : 978-2-416-01723-0

Vladimir Atlani • Victor Storchan

Préface de Jean-Michel Blanquer

Anti-manuel d'intelligence artificielle

Les nouvelles questions que pose l'IA

Éditions
EYROLLES

Sommaire

SECTION 3
La sortie des laboratoires – Questions économiques, stratégiques et sociétales

SECTION 4
Solutions et perspectives

Préface

La révolution de l'intelligence artificielle transforme aujourd'hui notre monde. Nous sommes à la veille de bouleversements majeurs, politiques, économiques, culturels et sociaux, provoqués, amplifiés, accélérés par les progrès gigantesques et rapides accomplis par les chercheurs et les entrepreneurs, parfois sous l'impulsion ou le contrôle des États, eux-mêmes parfois décisifs et parfois dépassés par cette course stratégique fondamentale.

Chacun entrevoit les progrès et les risques que cela implique. C'est le grand mérite de ce livre que de bien les expliciter, sans jamais tomber ni dans la technophilie béate, ni dans le catastrophisme facile. Tout est remis en question car c'est le rapport de l'homme à la connaissance qui est en jeu et, par conséquent, la nature du travail, le contenu du contrat social, les méthodes de la puissance publique.

Ce n'est pas étonnant que, après avoir passé en revue tous les enjeux, de façon très exhaustive et très illustrée, les auteurs concluent par le sujet de l'éducation. Elle est évidemment la première et la plus importante des réponses aux questions de civilisation posées par l'intelligence artificielle.

En tant que ministre de l'Éducation nationale, j'ai dû en prendre pleinement la mesure. C'est notamment pour cela que nous avons créé, à la faveur de la réforme du lycée, non seulement un enseignement commun d'informatique en seconde mais aussi un enseignement nouveau de première et de terminale intitulé « Numérique et science informatique ». Cela s'est accompagné de la création du Capes puis de l'agrégation d'informatique. Autant d'innovations faites pour placer au cœur du système scolaire les enjeux de maîtrise de l'intelligence artificielle.

Mais, comme le soulignent les auteurs, tous les aspects de l'éducation sont touchés. Car l'éducation doit nous permettre de répondre pertinemment à la plus grande question de notre temps : « Comment un monde de plus en plus technologique peut-il être un monde plus humain ? » Face à tous les défis nouveaux, nous devons doter nos enfants de savoirs fondamentaux, de culture générale, de capacité logique et d'un corpus éthique leur permettant de bâtir un monde plus respectueux de l'humain et de la nature.

Vladimir Atlani et Victor Storchan étaient particulièrement bien préparés pour concevoir un tel ouvrage. Tous deux sont d'abord des techniciens : ils ont écrit, conçu, mis en application des algorithmes d'IA et peuvent donc l'aborder très concrètement. Leur expérience de l'entreprise (le conseil en stratégie et la banque privée) leur donne également une approche pragmatique et claire. Ils ont su trouver le recul nécessaire pour rendre captivants le fonctionnement et l'histoire de cette technologie. Ils tracent un chemin juste et équilibré, pour guider le lecteur et lui permettre de se construire une opinion éclairée sur le sujet.

La lecture de ce livre me semble un prérequis salutaire pour toute personne souhaitant contribuer à la construction d'un avenir qui mettrait l'IA au service d'un idéal de progrès, d'égalité et de justice.

Jean-Michel Blanquer

Prologue
Le combat du siècle

« Aucun ordinateur ne peut jouer H5 ! » Le coup est irréel, impossible. Nous sommes le 10 mai 1997 et Garry Kasparov, champion du monde d'échecs, vient de terminer son cinquième match contre Deep Blue, le logiciel d'intelligence artificielle de la société américaine IBM.

La tension est palpable dans l'Equitable Center, le gratte-ciel new-yorkais qui accueille la rencontre. La centaine d'initiés venus en personne des quatre coins du globe pour admirer le choc en ont eu pour leur argent. Tous savent ce qui se joue. Garry Kasparov est champion du monde. Il est sans doute le meilleur joueur d'échecs de tous les temps. Mais ce jour-là, il est le dernier rempart d'une espèce humaine contre la suprématie de l'ordinateur. Tous les spécialistes l'affirment, le dépassement est inévitable, définitif, programmé. Mais à Manhattan, on croit encore dans les talents d'un héros venu retarder la fin d'un règne. Plus qu'un duel, c'est un combat de civilisation.

Et c'est le deuxième qui oppose Kasparov à la machine d'IBM. L'année précédente à Philadelphie, Kasparov l'avait emporté quatre parties à deux. À l'époque, personne ne mesurait encore l'engouement qu'un tel affrontement devait susciter. Kasparov, visionnaire, avait alors demandé que le match soit diffusé en temps réel sur internet. Devant les réticences des organisateurs du tournoi persuadés que le match n'intéresserait personne, les responsables d'IBM décidèrent de diffuser eux-mêmes la partie d'échecs en ligne. L'intérêt du public fut immédiat. Le site internet, pris d'assaut par des centaines de milliers d'internautes, fut vite saturé. Heureusement, en 1996, c'est aussi IBM qui assure la couverture internet des Jeux olympiques d'Atlanta. En moins de 24 heures, les développeurs d'IBM migrèrent la diffusion du duel sur les serveurs prévus pour les JO. Les milliers de spectateurs purent ainsi suivre en direct les coups du grand maître et du super-ordinateur. Le match prenait une dimension planétaire.

Il faut dire que la première manche avait surpris tout le monde. Au 23e coup, l'ordinateur proposa le sacrifice de son pion central… sans aucune compensation matérielle. Pour Kasparov, quelle surprise ! Il n'avait encore jamais vu un ordinateur décider, de lui-même, de perdre une pièce contre un simple avantage tactique. Traditionnellement, les algorithmes d'échecs s'arrangent pour conserver le plus de pièces le plus longtemps possible au cours de la partie… Pas ici. Cette machine-là appartenait à une nouvelle génération, et Kasparov, très perturbé, finit par perdre la manche. Quelques mois plus tard, le journaliste Frederic Friedel, alors membre de l'équipe de Kasparov, raconta les coulisses de la soirée de cette première défaite : « Garry avait été très bouleversé après la partie. Mais […] après le match, nous avons analysé le jeu. Et nous avons compris. Le mouvement de ce pion n'était pas un simple sacrifice de matériel. Deep Blue avait simplement vu que dix-sept coups plus tard, il regagnerait la pièce sacrifiée. Pour Garry, quel soulagement. » La preuve était faite : la machine n'avait développé aucune sensibilité particulière, aucun sens stratégique, aucune faculté d'intuition. Elle était simplement capable de calculer plus loin. En 1996, Garry Kasparov finira par s'imposer 4 parties à 2. Il déclarera quelques semaines plus tard : « Deep Blue peut jouer comme un grand maître ou comme un enfant. Mais quelquefois, il joue comme Dieu lui-même. »

Retour en 1997. Après la défaite de 1996, les ingénieurs d'IBM ont retravaillé leur algorithme. Deep Blue est devenu Deeper Blue, et tout le monde se prépare à un affrontement terrible. Les montants mis en jeu ont doublé. De 500 000 dollars en 1996, le prize money promis au gagnant dépasse le million de dollars. Les paris vont bon train et, à quelques jours du début du match, c'est Kasparov qui est donné gagnant par les bookmakers. Les 480 places de l'auditorium ont été réservées depuis des mois et le public peut suivre les coups des deux adversaires sur des écrans géants. Trois grands maîtres d'échecs commentent la partie en direct. Ils sont traduits en simultané dans de nombreuses langues et le match est diffusé en temps réel sur les chaînes de plusieurs pays et sur internet. Le monde entier a pris la mesure de l'ampleur de la confrontation.

Le match se joue en six manches. Chacun des deux adversaires débutera une manche à tour de rôle, et c'est Kasparov qui joue les blancs pour la première partie. Aux échecs, celui qui commence dispose d'un léger avantage sur son adversaire, et les attentes sont hautes pour une victoire du grand maître dans cette première manche. Le champion du monde ne prend pas de risques. Il opte pour une partie lente de manœuvres stratégiques dans laquelle il sait pouvoir dominer son adversaire. En face, Deep Blue tente de contrer le plan du Russe par un jeu agressif, mais sa faiblesse est latente, et au 39e coup Kasparov finit par prendre l'avantage et remporte la première partie.

La deuxième partie est remportée par l'ordinateur après une variante subtile de l'ouverture espagnole. Kasparov abandonne au 45e coup. Une manche partout, balle au centre. Pour la troisième partie, Kasparov fait le choix d'une ouverture originale et avance le pion central d'une seule case. Il espère emmener la machine loin des schémas classiques de début de partie que celle-ci, il le sait, maîtrise parfaitement. La partie devient vite très complexe et se finit sur une égalité. Chacun prend un demi-point. La quatrième manche finit, elle aussi, sur une égalité. Kasparov : 2, Deep Blue : 2. Le champion du monde sait que la prochaine partie sera décisive. C'est la dernière fois de la confrontation qu'il aura l'avantage des blancs.

Kasparov commence par sortir son cavalier, son coup fétiche. C'est la même ouverture qu'il avait jouée lors de la première manche. C'est aussi le coup qui l'avait fait gagner lors de leur confrontation de l'année précédente. Il est confiant et avance ses pièces sereinement. Soudain, au 11e coup, l'ordinateur avance un pion latéral sur la case H5, mouvement aussi absurde qu'agressif. Le coup est incompréhensible. Les commentateurs sont en émoi. Dans une telle position, tous sont persuadés qu'un coup défensif aurait été plus pertinent. Grâce à une coordination parfaite des pièces de l'ordinateur, l'avantage acquis par Kasparov est réduit à néant et la machine obtient de justesse l'égalité. Kasparov est abattu. Psychologiquement anéanti dans la dernière partie, il s'effondre et abandonne avant le 20e coup. Le match est plié, la machine l'emporte.

« Aucun ordinateur ne peut jouer H5 ! » Le compliment qui fait suite à la cinquième partie résonne comme une accusation. Kasparov laisse entendre que quelqu'un de l'équipe Deep Blue serait intervenu pour influer sur le jeu de l'ordinateur. D'après lui, aucune machine ne saurait être à l'origine d'un coup aussi tordu, aussi éloigné du pur raisonnement tactique, logique. Seul un humain aurait pu déployer une ruse aussi fine.

La question ne sera jamais résolue et, en 1997, les dirigeants d'IBM décident de mettre un terme au programme Deep Blue pour faire bénéficier les autres activités de la compagnie des innovations d'intelligence artificielle développées par les ingénieurs de l'équipe Le règne de l'homme sur les échecs est terminé. Pari gagné. Le roi est tombé. Échec et mat.

Introduction

Un mot des auteurs

Un nouveau livre sur l'IA ?

L'IA fascine. Mais dans un monde où elle s'affiche en une des magazines, où les rayons des librairies sont saturés d'essais sur le sujet, la question se pose avec force : pourquoi un nouvel ouvrage ? Le projet de ce livre tient en trois constats :

- Constat n° 1 – Le grand public maîtrise encore mal les sujets techniques sous-jacents à la révolution de l'IA alors même qu'il est directement concerné : droit de propriété sur ses données personnelles, droit à l'information, droit à l'oubli, fake news, discrimination algorithmique, remplacement de l'homme sur le marché du travail… Les sujets ne manquent pas. Miroir de l'information du grand public, c'est le débat politique qui n'est souvent pas à la hauteur des enjeux. Alors que les dernières évolutions technologiques appellent à des prises de position fortes de nos représentants, peu de penseurs, philosophes, politiques osent encore soulever le capot d'une technologie qui effraie par sa complexité supposée. L'objectif de ce livre consiste à montrer qu'il n'en est rien. Démystifier l'IA à l'heure des grandes décisions : voilà notre première ambition.
- Constat n° 2 – Les spécialistes de l'IA (ingénieurs, data scientists, technologues…) peinent parfois à ouvrir à la décision collective des sujets qu'ils considèrent comme purement techniques.

Le vocabulaire est technologique, les décisions sont pratiques, et elles manquent parfois d'un peu de recul sur les implications éthiques et sociétales qu'elles mettent en jeu. Dans un moment de compétition acharnée pour acquérir un avantage technologique sur son voisin, peu de temps est consacré à la vulgarisation et à la prise de recul. Voilà notre deuxième ambition.
- Constat n° 3 – Technologistes concepteurs et politiques décideurs. Rares sont les livres à ce jour qui permettent avec efficacité de combler le fossé entre ces deux populations. L'ambition du présent ouvrage consiste à allier une véritable exigence technique, la mise à jour des derniers développements d'une science en pleine évolution, à un souci permanent de vulgarisation pour le grand public. Si de nombreux articles scientifiques, théories et récits d'expériences viennent nourrir l'exigence scientifique de l'ouvrage, anecdotes, analogies et illustrations multiples s'y succèdent pour permettre à tous, de manière ludique, d'en apprendre un peu plus sur ce vaste sujet.

Dans ce paysage intellectuel en mutation, il devient impératif d'engager un dialogue ouvert et inclusif, où experts, décideurs et citoyens peuvent ensemble envisager les voies d'une cohabitation harmonieuse avec l'intelligence artificielle. Ce livre aspire ainsi à combler ce fossé entre la technologie et la société, en offrant une exploration approfondie et accessible des enjeux passionnants de l'IA, et en encourageant une réflexion collective sur les futurs possibles qu'elle dessine pour notre humanité.

***

Avec ChatGPT, la fulgurance algorithmique de l'IA générative a surgi aux yeux du grand public. La vitesse prodigieuse à laquelle ces technologies sont passées du laboratoire au stade de prototypes déployés dans le monde réel est inédite[1]. Dans un premier temps,

1. Si GPT-3, introduit en 2020, a mis deux ans pour atteindre le million d'utilisateurs, il n'a fallu que deux mois à Dall-E 2 pour atteindre cet objectif et cinq jours à ChatGPT.

il faut acter que le changement technologique est fondamentalement vertical, centralisé et inégalitaire : comme beaucoup de technologies émergentes, les prototypes d'IA les plus avancées naissent dans les mains de quelques-uns et leurs processus de conception demeurent hors de portée de beaucoup d'autres[1]. Une fois les effets de fascination et de sidération retombés, il devient crucial pour le grand public de s'emparer de questions fondamentales – stratégique, sociétale, économique – qui ne peuvent être tranchées uniquement par les sachants en IA. Contrairement à de nombreux domaines technologiques comme la biologie, la mécanique, l'aéronautique, l'IA n'est pas une science. Elle s'est construite grâce à de nombreuses avancées scientifiques, certes, mais elle ne constitue pas en elle-même une science. Pour qu'une discipline soit une science, il lui faut un protocole d'expérimentation qui fasse consensus ou une théorie bien établie. Ni l'un ni l'autre n'existent réellement encore pour l'IA. Nombre d'experts naviguent à vue, et l'histoire de l'IA nous montre que beaucoup des meilleurs technologistes se sont régulièrement trompés dans leurs prédictions en IA. En 1958, Frank Rosenblatt, le père du perceptron – une des premières machines de reconnaissance de forme – prédit que sa machine parlerait d'ici un an. Cela prit trente ans. En 2016, Geoffrey Hinton, un des pères fondateurs de l'IA et prix Turing, prédit qu'il ne servirait plus à rien de former des radiologues d'ici à 2020 car la machine se débrouillerait seule. En 2023, Sam Altman confiait qu'il n'aurait jamais pu prédire l'émergence de ChatGPT il y a dix ans[2]. Et ainsi de suite. La conversation sur l'IA et les décisions qui en découlent doivent donc faire l'objet d'une discussion exigeante et multilatérale entre toutes les parties prenantes. Chacun doit se former, faire l'effort de comprendre la dynamique à l'œuvre en évitant certains écueils. Faire l'effort d'aller un cran plus loin que la rapide expérience anecdotique qui est trop souvent faite de ces systèmes : « Je lui ai demandé telle chose, il ne m'a pas répondu correctement », etc. En matière de technologie, nos biais cognitifs

1. https://openjournals.uwaterloo.ca/index.php/JoCI/article/download/2832/3632?inline=1

2. https://www.wsj.com/tech/ai/wsj-tech-live-2023-full-coverage-c2cb70fa

limitent souvent notre capacité à extrapoler au-delà de ce qui nous paraît « raisonnable ». La loi de Roy Amara, technologiste américain, nous l'enseigne : nous avons tendance à surestimer l'effet d'une technologie à court terme et à le sous-estimer à long terme.

SECTION 1

Les fondamentaux

Chapitre 1

Qu'est-ce que l'intelligence artificielle ?

Chère machine à laver

Qu'est-ce que l'intelligence artificielle ? Restons simples : l'IA est l'ensemble des techniques visant à créer des machines capables de réaliser des tâches de réflexion.

Mais alors, rien de nouveau sous le soleil ! Nous programmons des machines à penser depuis bien longtemps. Sans remonter jusqu'au XVIIe siècle et à la Pascaline, machine à calculer du philosophe français Blaise Pascal, n'importe quel ordinateur classique, tel qu'il en existe depuis près de soixante-dix ans, répond parfaitement à cette définition. Idem pour nos compteurs électriques, nos montres digitales ou nos machines à laver des années 1980.

Alors, qu'est-ce qui a changé au tournant des années 2010 ? Réponse : notre manière de parler aux machines.

Le langage historique entre l'homme et la machine : le code informatique

Comment parler à un ordinateur ? Depuis toujours, l'homme a communiqué avec la machine via un jeu d'instructions clair, explicite, exhaustif : le code informatique.

Prenons l'exemple de ma machine à laver le linge. Au moment de sa conception, ce jeu d'instructions a été encodé dans son code source. De cette façon, si je sélectionne le programme « Laine », le radiateur chauffera à 25 °C et le tambour tournera à 400 tours/minute pendant vingt minutes. Voilà, en bon français, à quoi ressemblerait ce bout de code informatique :

Chère machine à laver,

***SI** on te donne pour consigne le programme « Laine », **ALORS** :*

- *Toutes les 10 secondes, mesure la température de l'eau : **SI** elle est inférieure à 25 °C, **ALORS** augmente le chauffage. **SI** elle est supérieure à 25 °C, **ALORS** diminue le chauffage.*
- *Toutes les 10 secondes, mesure la vitesse de rotation du tambour : **SI** elle est inférieure à 400 tours/minute, **ALORS** augmente la puissance du moteur. **SI** elle est supérieure à 400 tours/minute, **ALORS** diminue la puissance du moteur.*
- *Au bout de 20 minutes, coupe le chauffage et le moteur.*

Ces trois consignes codées définissent le programme « Laine » de ma machine à laver. Combinées, toutes les règles et conditions de ce type régissent le fonctionnement complet de ma machine. Sauf problème technique, je sais que celle-ci obéira de manière répétée à mon instruction. Elle saura évaluer une situation – ma consigne initiale, la température de l'eau et la vitesse de rotation du tambour – et agir en conséquence. C'est ainsi que l'on programme les machines depuis un siècle. Le mode conversationnel entre l'homme et la machine est explicite, impératif, complet. Tous les cas sont explorés pour ne pas laisser la machine démunie face à une situation nouvelle. C'est un premier niveau d'intelligence artificielle.

Les limites du code explicite

Pour des tâches plus complexes, le code informatique et ses jeux de règles sont vite devenus insuffisants. Prenons l'exemple d'une voiture autonome, bardée de capteurs, qui récoltent et analysent en temps réel toutes les informations possibles sur l'environnement de la voiture :

la position des obstacles, la vitesse relative des autres usagers, les codes de signalisation… Voilà, en bon français, à quoi pourrait ressembler son code informatique :

Chère voiture autonome,

SI *tu détectes un feu de signalisation en face de toi,* ***ALORS*** *:*

- ***SI*** *le feu est rouge,* ***ALORS*** *tu t'arrêtes.*
- ***SI*** *le feu est vert,* ***ALORS*** *tu passes.*
- ***SI*** *le feu est vert* ***ET*** *que tu repères un piéton qui traverse malgré tout,* ***ALORS*** *tu t'arrêtes.*
- ***SI*** *le feu est vert* ***ET*** *que tu repères un piéton qui manifeste une envie de traverser,* ***ALORS*** *tu t'arrêtes.*
- ***SI*** *le feu est orange* ***ET*** *que des enfants s'amusent près du passage clouté* ***ET*** *que la voiture derrière toi est proche et risque de te rentrer dedans* ***ET*** *que…*
- *Etc.*

On le voit bien, la conduite d'une voiture présente un nombre de situations et sous-situations bien trop important pour être embrassée par un code informatique exhaustif. Les cas particuliers sont pléthores et ne peuvent être tous pris en compte. Qui plus est, la conduite est affaire d'intuition. Tout bon conducteur le sait. Et l'intuition n'est pas modélisable en un jeu de règles. Pendant des décennies donc, la voiture sans chauffeur est restée à l'état de pur fantasme.

Autre exemple, dans le domaine médical. Comment détecter automatiquement une fracture sur une radio du fémur ? La machine voit tout. Elle peut distinguer des milliers de teintes de blanc sur une image quand l'œil humain n'en voit qu'une dizaine tout au plus. Problème : rechercher une anomalie dans un tableau de pixels via des règles explicites est impossible via un jeu de règles explicites. La lecture d'une radio implique une compétence qui ne peut être codée explicitement : l'expérience d'un médecin. Un vieux radiologue identifiera des anomalies indétectables, simplement par son expérience. Il sait. Il ne sait pas pourquoi, mais il sait. Incodable, du moins explicitement, dans une machine, à l'œil aussi aiguisé soit-il.

Le machine learning, nouveau mode de communication homme-machine

Tout change avec le machine learning (apprentissage automatique). Plutôt que de donner à la machine un jeu d'instructions, on lui demande maintenant d'apprendre sur la base d'exemples. Des algorithmes statistiques permettent à l'ordinateur de recouper tous ces exemples et d'en tirer les implications. Objectif : optimiser sa réaction face à une situation nouvelle, non prévue par le développeur.

Reprenons notre voiture autonome. Pour lui apprendre à se conduire seule, un (bon) conducteur humain doit d'abord rouler, rouler, et rouler encore. La machine enregistre les données de la conduite : l'environnement de la voiture, mais aussi toutes les réactions du conducteur. Grâce à des algorithmes statistiques, elle apprend. Et à mesure de cet apprentissage, elle devient meilleure conductrice, comme un jeune qui progresserait à mesure de ses passages à l'auto-école. Et puis un jour elle sait conduire. Mieux que cela, la voiture a retenu le meilleur de tout cet apprentissage. À tout moment et face à toute situation, elle sait adopter la meilleure réaction possible : celle du meilleur conducteur dans son meilleur jour. Face à des situations qu'elle a déjà rencontrées, elle sait réagir. Un feu rouge, pas de problème, un virage serré, elle en a vu des milliers. Mais surtout, elle sait réagir face à des situations entièrement nouvelles, qui ne correspondent à aucune des situations rencontrées lors de son apprentissage : elle recoupe les informations, calcule, optimise, et prend la meilleure décision possible. Merci les statistiques !

Voilà donc le changement de paradigme technologique au fondement de cette nouvelle ère de l'IA. Mais les spécialistes de l'entraînement des machines savent rester pragmatiques. Ils combineront volontiers les deux approches : explicite et implicite, codée et apprise. L'exemple de la voiture autonome est clair : si la machine est essentiellement programmée via l'apprentissage, des règles subsistent pour prendre le relais et gérer de manière impérative des situations critiques. Ainsi en va-t-il des décisions que l'éthique ou la réglementation imposeront de prendre dans des situations délicates de danger ou d'accident.

D'une révolution technologique à une révolution sociétale

Ce nouveau mode de langage homme-machine présente de nombreuses conséquences. Parmi celles-ci, trois méritent d'être déjà mises en avant, et seront développées dans des chapitres ultérieurs : l'importance de la data, l'impossible explication des décisions de la machine, et les changements sociétaux induits par ce nouveau paradigme.

Importance de la data

On l'a vu, la machine ne déduit plus à partir de règles. Elle induit à partir d'exemples, beaucoup d'exemples. Une étude de l'University College of London (UCL) de 2015 réalisée sur des bébés de 4 à 6 mois a montré que quelques images suffisaient pour que le nourrisson reconnaisse un visage. Une machine nouvellement entraînée en nécessitera plusieurs milliers. L'ordre de grandeur peut monter à plusieurs millions si l'objet représenté est difficile à discerner (le fameux *meme* « Muffin ou Chihuahua » en donne un exemple éloquent). D'où l'importance d'entraîner sur un jeu de données le plus grand possible. Voilà pourquoi, là où l'on parle d'IA, on parle souvent de « Big Data ». La production, la conservation et l'utilisation de ces données de masse posent des problèmes nouveaux à nos sociétés et leurs régulateurs : préservation de la vie privée, impact écologique, biais racistes et discriminatoires... la liste est longue et plusieurs chapitres y seront consacrés.

La question de l'explication du comportement des machines

Comment comprendre la décision de la voiture ? Quand la règle est remplacée par l'induction, il devient difficile d'expliquer les choix de la machine. Et la complexification continue des algorithmes n'aide en rien. Si les premiers modèles permettaient de comprendre le rationnel de chaque décision de l'ordinateur, les derniers réseaux de neurones rendent cette tâche quasi impossible (même si la recherche s'y attelle actuellement avec énergie). Pas facile alors d'établir les responsabilités quand la voiture rentre dans un arbre. Qui paye le dommage ? Le constructeur ? Le développeur ? Le conducteur ? La collectivité ? De nombreuses questions essentiellement juridiques et éthiques en découlent.

Impact sur les compétences humaines « remplaçables »

Ce passage d'un mode de consigne explicite à une programmation implicite des machines permet de capter de nouvelles nuances et de les insuffler dans le comportement des ordinateurs ainsi entraînés : l'intuition, l'expérience, la sensibilité des hommes qui les ont entraînés. Cette évolution de la technique est à la base d'un changement de paradigme sociétal et explique les effets profonds de l'IA sur notre société et notre marché du travail. De plus en plus de compétences deviennent remplaçables par la machine, et c'est le monde tel que nous le connaissons qui est amené à changer.

Résumé

L'IA se définit à plusieurs niveaux. Au sens le plus large, elle englobe l'ensemble des techniques visant à créer des machines capables de répliquer la cognition humaine. Au tournant des années 2010, cette définition a été ajustée par la démocratisation d'une nouvelle manière d'interagir avec la machine, fondée non plus sur une programmation explicite mais sur un apprentissage par l'exemple. Ces nouvelles techniques dites de « machine learning » permettent aujourd'hui d'optimiser le comportement des ordinateurs en leur présentant de nombreux exemples issus du monde réel. Si elles ont permis l'émergence d'applications nouvelles (voitures autonomes, analyse médicale, automatisation des tâches...), elles soulèvent aujourd'hui des questions cruciales en termes de responsabilité éthique et juridique, et d'impact sur nos économies et nos sociétés.

Chapitre 2

Le secret du Turc

L'essence de l'intelligence artificielle

Histoire n° 1 : les médecins dans l'arène

Pékin, juin 2018.

Les combattants arrivent. Un à un, ils s'avancent lentement et montent sur la scène quand le micro annonce leur nom. Ils sont quinze, les meilleurs de tout le pays. Venus des confins de la Chine pour mener cette bataille, ils ne repartiront que le travail achevé. La présentatrice n'a aucune peine à enflammer un public enthousiaste et déjà acquis à leur cause. Le match va commencer. Dans les gradins, on sent l'effervescence. Sur scène, on sent la tension. Les quinze héros sont désormais tous sur scène. Une blouse descend jusqu'à leurs chevilles, un stylo est clipsé sur leur poche avant, un badge pendouille autour de leur cou. La plupart sont chauves ou grisonnants, myopes et bedonnants. Héros des temps modernes, ce sont de grands professeurs, spécialistes du cerveau, cancérologues, radiologues. Leur mission est simple : diagnostiquer correctement le plus de patients dans le temps imparti. Mais ce jour-là, la compétition ne se joue pas entre confrères. Face à eux, un algorithme d'intelligence artificielle développé par le centre de recherche de l'hôpital Tiantan de Pékin va tenter de les battre à leur propre jeu. L'ennemi commun s'appelle BioMind et il n'a pas prévu de leur faire de cadeaux. Nous sommes le 30 juin 2018 et c'est un combat sans merci que l'homme et la machine s'apprêtent à se livrer.

La première épreuve consiste à détecter les tumeurs dans les cerveaux de patients dont on présente les images IRM et scanners. Le décompte démarre. Le public retient son souffle. 5, 4, 3, 2, 1. C'est parti. Les chercheurs s'affairent, zooment, pivotent, mesurent. Ils modifient les contrastes, tracent des lignes sur leurs écrans, comparent les patients, utilisent leur longue expérience du diagnostic cérébral, formulent des hypothèses, font preuve d'une intuition hors du commun. Ce sont les meilleurs et ils ont bien l'intention de le prouver. Après trente minutes de travail, les résultats s'affichent sur l'écran géant derrière la scène. Sur les 225 cas traités, les spécialistes ont diagnostiqué correctement 149 patients, soit 66 % d'entre eux. C'est deux patients sur trois. Dans la vraie vie, les médecins auraient sans doute demandé des analyses complémentaires, des tests de confirmation pour les cas difficiles. Rien de tout cela dans cet exercice où l'on attend une réponse ferme, binaire, rapide. Et le constat est clair : le taux est bon, très bon même. Significativement meilleur que la moyenne des médecins hospitaliers chinois, comme ne manque pas de le rappeler le docteur Gao Peiyi, directeur du département de radiologie à l'hôpital Tiantan. Seulement c'est maintenant au tour de la machine. En quinze minutes, elle diagnostique correctement 87 % des cas, soit 196 personnes. C'est 47 personnes de plus que notre groupe d'experts. Le diagnostic de la machine est plus rapide, plus juste, plus performant.

La seconde manche ne change rien à cette conclusion. Elle demande à chacun de prévoir les cas pour lesquels on s'attend à une expansion de l'hématome cérébral et les cas ayant vocation à se stabiliser. Encore une fois, les médecins se surpassent pour atteindre une précision de diagnostic de 63 %. La machine aura raison dans 83 % des cas.

Le constat est sans appel. La machine surpasse l'homme dans le diagnostic des tumeurs cérébrales. Et nombreux sont les domaines de la médecine qui dressent un constat similaire. Les start-up qui proposent de nouvelles solutions technologiques à l'efficacité redoutable pour diagnostiquer les maladies se multiplient à la vitesse de l'éclair. En France, AZmed, Incepto, Hera-Mi, CleverDoc ne sont pas des noms de médicaments, mais de ces jeunes pousses qui attirent les investisseurs et les talents avec une promesse : changer la médecine et assister le praticien. Tout un programme. Alors, comment en est-on arrivé là ? Comment, après le calcul, les échecs, le jeu de go, la machine réussit-elle à égaler, voire dépasser, les meilleurs experts de leurs générations sur ces sujets médicaux, si humains, du diagnostic et de l'analyse d'image ?

Histoire n° 2 : le piège du Turc

Nous sommes à l'automne 1809 et c'est un Napoléon tout juste auréolé de sa victoire de Wagram qui s'avance vers le château de Schönbrunn. La bataille a été dure contre cette coalition austro-britannique, la cinquième à se dresser contre la France depuis la Grande Révolution. Mais dures aussi ont été les conditions imposées à l'Autriche après la victoire française et la demande d'armistice de l'archiduc Charles. C'est d'ailleurs au château de Schönbrunn que viennent d'être signés les termes de cette paix de Vienne qui contraint les Habsbourg et rapproche un peu plus l'empereur français d'une maîtrise totale de l'Europe. Rien ne retient plus Napoléon à Vienne. Pourtant le voilà qui s'avance vers le château dans le froid de cette fin d'année, prêt à mener une bataille d'un tout autre genre.

L'empereur a en effet entendu parler d'une invention extraordinaire. On raconte qu'un robot articulé, baptisé le Turc, joue aux échecs mieux que les humains. La machine aurait déjà fait le tour des cours d'Europe. Inventée par le baron Wolfgang von Kempelen, elle aurait battu les meilleurs joueurs de la cour de l'impératrice Marie-Thérèse avant de sillonner le continent pour affronter grands joueurs et personnalités politiques : Paul Ier tsar de Russie, Benjamin Franklin alors ambassadeur des États-Unis à Paris, ou le Grand Philidor, meilleur joueur d'échecs de sa génération, qui finira par l'emporter, décrivant toutefois la partie comme « la plus fatigante qu'il ait jamais eue à jouer ».

Napoléon doit voir cela de ses propres yeux, et après les courtoisies d'usage, il demande qu'on lui présente la machine. C'est Johann Maelzel, propriétaire du Turc en 1809, qui lui dévoile l'automate. Celui-ci fait forte impression à l'empereur. Le Turc est un mannequin articulé à taille humaine. Assis derrière un meuble, il porte un turban à l'orientale. Sur le meuble est posé un échiquier et des pièces d'ivoire rouges et blanches sont disposées sur celui-ci. À l'avant du meuble, trois petites portes coulissantes dévoilent, quand on les ouvre, un mécanisme complexe qui semble digne de la plus fine des horloges.

À l'arrivée de l'empereur, le Turc s'incline respectueusement. Napoléon est impatient de commencer. Réputé fin stratège, il espère réussir là où tant d'autres ont échoué. Mais curieux, il veut tester la machine, comprendre sa façon de penser, sonder son âme.

Sachant le Turc configuré pour commencer à jouer – les pièces blanches sont du côté de l'automate – Napoléon tente une surprise et avance un pion le premier. Après quelques secondes, le Turc avance à son tour une pièce, signe qu'il accepte ce retournement de situation. La partie avance. Napoléon, soucieux de tester l'automate, tente un coup illégal. Mécaniquement, le Turc remet en place la pièce de l'empereur et continue la partie comme si de rien n'était. Quand Napoléon tente un deuxième coup illégal, le Turc retire complètement la pièce du jeu et continue à jouer. Au troisième coup illégal, le Turc renverse toutes les pièces de l'échiquier et met fin à la partie. Napoléon, amusé par la réaction du Turc, demande alors à jouer une partie normale, qu'il perdra en moins de vingt coups.

Si la pleine véracité de l'anecdote napoléonienne, citée dans de nombreux ouvrages avec plus ou moins de romanesque, n'est pas historiquement démontrée, d'autres témoignages viennent confirmer les rencontres avec de grands personnages de l'époque. Sillonnant l'Europe, Maelzel et sa machine finissent par traverser l'Atlantique. À Richmond en Virginie, le Turc mécanique est remarqué par Edgar Allan Poe qui publie un essai intitulé *Le Joueur d'échecs de Maelzel*. Le médecin de Poe, le docteur John Mitchell, rachète le Turc et en fait don au Peale Museum de Philadelphie. Le 6 juillet 1854, un incendie du musée vient mettre un terme à la folle épopée de l'automate avant-gardiste.

C'est bien plus tard que le fils du docteur Mitchell révélera le secret du Turc. Derrière les rouages du meuble, une cavité cachée dans un double fond permettait à un homme de taille fine de se glisser à l'intérieur. Un système d'aimant lui permettait alors d'actionner les pièces.

« Aucun secret ne fut si bien caché que celui du Turc », écrira Silas Mitchell, le fils du docteur Mitchell. Première esquisse d'intelligence artificielle, le Turc est trompeur. Derrière chaque coup, chaque mouvement, chaque décision, c'est un humain de chair et d'os qui tire les ficelles.

Revenons à nos machines d'IA modernes, en particulier au robot-radiologue de notre compétition chinoise. D'où vient tant de savoir ?

Pendant des mois, l'équipe des chercheurs en charge du développement de l'algorithme a fait le tour des hôpitaux du pays à la recherche de précieuses données. Elle a collecté toutes les images de radiographies et d'IRM, récupéré les comptes rendus des médecins sur les patients concernés, et demandé aux radiologues de compléter leur diagnostic quand celui-ci était un peu léger. Objectif : labelliser les données, c'est-à-dire assigner à chaque image récupérée l'information « cerveau sain » ou « cerveau malade ». C'est ce jeu gigantesque de données, qualifiées par le savoir humain, qui servira de base à l'entraînement de l'algorithme de réseau de neurones artificiel. Cet algorithme nouvelle génération, dit de « deep learning », combine tous les facteurs associés à chaque patient (âge, taille, poids, antécédents), à ses images IRM (forme, taille, position de la tumeur) et aux comptes rendus médicaux, pour capturer au mieux le rationnel du médecin quand il déclare le patient sain ou malade. Tout y passe.

Et, chose étonnante permise par les algorithmes d'IA, plus que le pur rationnel du médecin, c'est son intuition, ces « je-ne-sais-quoi », ces « presque rien » chers au philosophe français Vladimir Jankélévitch, c'est l'expérience du médecin qui est captée par l'algorithme. Élève de ces milliers de spécialistes dont elle intègre jusqu'aux moindres intuitions, disposant d'une puissance de calcul sans précédent, la machine est imbattable. Pas étonnant que la quinzaine d'experts convoqués pour le spectacle ne fassent pas le poids. D'une certaine manière, ils se battent contre des dizaines de milliers d'experts. Le combat était perdu d'avance.

L'intelligence de la machine est toujours d'origine humaine. C'est peut-être la grande leçon que l'on peut tirer de l'histoire du Turc.

Le labelling, passage de relais entre l'homme et la machine

Deux grands leaders technologiques ont compris tôt l'intérêt d'industrialiser ce passage de relais entre l'homme et la machine.

Le premier est Amazon qui, en « hommage » à la machine de von Kempelen, crée en 2005 la plateforme web Mechanical Turk. Elle met en relation des sociétés désireuses d'entraîner des algorithmes d'IA avec des hommes et des femmes proposant d'aider à labelliser, étiqueter des données. Identifier une erreur dans un texte, trouver un réverbère sur une photographie ou détecter un comportement suspect dans une vidéosurveillance de supermarché. Tel est le type de tâches assignées à ces particuliers de pays souvent en développement, désireux d'arrondir leurs fins de mois. Les sociétés en question peuvent ensuite entraîner des algorithmes d'IA sur la base de ces données qualifiées et enrichies.

Problème : la rémunération proposée est souvent très limitée, et il n'est pas rare d'entendre des voix s'élever pour dénoncer ce qu'elles considèrent comme une forme moderne d'exploitation. Les travailleurs sont contraints à des conditions de travail précaires et à des salaires dérisoires, bien en deçà des normes de rémunération équitables. Ces travailleurs, indépendants sur le papier, sont souvent soumis à des exigences de productivité élevées et à des horaires de travail flexibles leur laissant peu de contrôle sur leur propre emploi du temps. La nature fragmentée et temporaire des tâches proposées limite les opportunités d'avancement ou de développement professionnel, les maintenant dans un état de dépendance économique.

Le second est Google qui acquiert en 2015 la technologie reCAPTCHA et invite en masse les utilisateurs de son navigateur à s'identifier en tant qu'humains en cochant les images d'un passage piéton ou en réécrivant un texte scanné. C'est ainsi que nous alimentons collectivement (et gratuitement !) les algorithmes de reconnaissance d'image de la route ou de numérisation de livres de la société californienne. L'algorithme tire ici son intelligence d'une expertise humaine collective, la sagesse des foules.

Au passage, il est intéressant de noter que Google définit et confirme notre statut d'être humain par notre capacité à repérer des lettres sur une image ou des éléments sur une photographie. Aujourd'hui, les nouveaux algorithmes, nourris au CAPTCHA, parviennent à identifier ces éléments automatiquement, et les techniques dites d'« auto-labelling » font l'objet de nombreuses recherches prometteuses. Ce faisant, elles repoussent la limite des questions que Google va devoir poser aux utilisateurs pour vérifier leur humanité, mais aussi la frontière de ce qui nous définit, a minima pour Google, comme êtres humains.

Histoire n° 3 : « George Bush a fait le 11-Septembre »

Si l'intelligence de la machine est d'origine humaine, nul doute que sa bêtise l'est également. Et les exemples sont pléthores depuis le renouveau de l'IA dans les années 2010.

En 2016, Microsoft lâche Tay sur Twitter (ancêtre de X). Tay est un programme d'IA initialement conçu pour imiter le langage d'une jeune Américaine de 19 ans et apprendre de ses interactions avec les autres utilisateurs de Twitter. L'expérience vire rapidement au cauchemar pour Microsoft. Tay se nourrit des messages complotistes et haineux que lui envoient en masse certains utilisateurs, et elle ne fait pas que répéter : elle s'approprie le contenu et le reformule dans des phrases chocs. On lui doit notamment « C'est une invention » au sujet de la Shoah, « Bush a fait le 11-Septembre » ou le fameux « Hitler aurait fait un meilleur boulot que le singe que l'on a maintenant» (au sujet de Barack Obama, président des États-Unis à l'époque).

Seulement 48 heures après son lancement, la Tay corrompue est débranchée. Une seconde tentative, cinq jours plus tard, donnera lieu à des tweets tout aussi peu politiquement corrects, dans lesquels Tay se vantera de fumer de la drogue devant la police. Tay est définitivement débranchée et Microsoft ne peut que tirer une leçon de son échec : on ne laisse pas ses enfants discuter avec n'importe qui !

L'histoire récente de la Silicon Valley est remplie de ce genre d'exemples.

En octobre 2018, Amazon découvre que son nouvel algorithme de recrutement, censé sélectionner les dossiers les plus pertinents, écarte systématiquement les candidatures féminines pour tous les postes techniques. Pas de machisme profond de la machine, pas même d'erreur de code. Nourri des données historiques du recrutement, l'algorithme ne peut que reproduire les schémas du passé. Les biais humains, sociétaux passent eux aussi dans l'apprentissage des machines.

En 2019, c'est au tour de Google de faire les frais de telles erreurs d'apprentissage. Une enquête de l'université de Washington révèle que son algorithme Perspective, censé lutter contre les discours haineux sur internet, comporte de nombreux biais racistes envers les populations afro-américaines. Sur les 5,4 millions de tweets passés par le crible de Perspective, les messages rédigés par des personnes de couleur ont une fois et demie à deux fois plus de chances d'être identifiés comme toxiques par l'IA. L'enquête donne l'explication : les responsables de l'étiquetage des tweets ont eu tendance à considérer comme toxiques les tweets rédigés en anglais vernaculaire afro-américain (AAVE). Naturellement, ce biais a été transmis à l'algorithme.

Résumé

L'intégration des données humaines dans l'entraînement des systèmes d'intelligence artificielle donne aux algorithmes une essence profondément humaine. Cette essence découle de la nature même des données utilisées, qui capturent les interactions, les comportements et les schémas de nos sociétés. Ces données, souvent annotées par des humains, transmettent des informations brutes, mais aussi leurs interprétations et perspectives subjectives, enrichissant ainsi le processus d'apprentissage des IA.

Mais cette approche n'est pas sans poser certains défis. Les biais humains inhérents aux données peuvent être involontairement amplifiés par les algorithmes d'IA, reflétant ainsi les imperfections de notre propre société. Les objectifs et les utilisations de l'IA sont déterminés par les humains qui en façonnent les métriques de succès et en donnent les contraintes.

Si les systèmes d'IA peuvent sembler autonomes, leur fonctionnement demeure profondément ancré dans un contexte humain. En reconnaissant cette connexion, nous sommes confrontés à notre responsabilité : celle d'atténuer les biais par tous les moyens et d'orienter le développement de l'IA vers des applications éthiques et justes, reflétant nos valeurs et nos aspirations communes. Reconnaître que l'intelligence artificielle n'existe pas, qu'elle n'est que le reflet des multiples facettes de notre humanité, est une première étape dans notre prise de conscience. Car c'est aujourd'hui que tout se joue, qu'est mise en jeu notre responsabilité collective : à nous de modeler le développement de l'IA pour intégrer les valeurs éthiques et les aspirations communes de la société que nous souhaitons. L'IA ne peut transcender son origine humaine, mais elle peut être guidée pour refléter le meilleur de ce que nous aspirons à être.

« Aucun secret ne fut si bien caché. » L'intelligence artificielle n'existe pas. Elle n'est que reproduction d'intelligence humaine… pour le meilleur ou pour le pire. Voici peut-être le dernier secret du Turc.

Chapitre 3

Une courte histoire de l'IA

Trois étapes de Turing à GPT

Les prochaines générations se souviendront sans doute du XXIe siècle comme du siècle de l'émergence de l'IA et de bouleversements entraînés sur notre civilisation. En réalité, tout commence à la fin de la Seconde Guerre mondiale. Pour simplifier, l'IA suit une histoire en trois étapes.

Étape n° 1 : la genèse

Après la Seconde Guerre mondiale, les premiers algorithmes d'IA voient le jour dans la lignée des travaux d'Alan Turing. Très théoriques, ils ne bénéficient pas encore des possibilités d'applications que permettent les ordinateurs modernes. Les années 1940-1950 voient l'avènement de la cybernétique et de la machine adaptative. Wiener applique notamment la théorie du contrôle et des systèmes dynamiques pour développer des systèmes de défense antiaérienne afin de corriger en temps réel les erreurs de prédiction de trajectoire et guider les missiles. Ces idées seront reprises beaucoup plus tard pour développer les systèmes de neurones profonds. En parallèle, la discipline se structure : en 1956, l'université de Dartmouth réunit pour la première fois les grands pionniers du sujet dans une grande conférence scientifique. Ils s'appellent Marvin Minsky, John McCarthy ou Claude Shannon et ne savent pas encore qu'ils vont provoquer un séisme. Enfin, Hollywood s'empare du sujet: en 1968, Stanley Kubrick et son *2001, L'Odyssée de l'espace* font entrer la possibilité d'une intelligence non humaine dans l'esprit de millions de spectateurs.

Les travaux des chercheurs continuent pendant toute la seconde partie du xxe siècle. C'est l'âge des systèmes experts basés sur des cathédrales de règles logiques mais sans véritable notion d'apprentissage. L'ingénieur s'assoit avec l'expert, un médecin par exemple, et essaye de déduire une série de règles logiques qu'il combine pour fabriquer le système – analyser des symptômes, détecter une tumeur, etc. Ces systèmes sont petit à petit tombés en désuétude, engendrant deux périodes de désintérêt académique et financier sur l'IA appelées « hiver de l'IA ». Dans les années 1980, un certain Yann Le Cun développe des premiers algorithmes de réseaux de neurones pour lire automatiquement des chèques de banque. C'est d'abord un échec. Mais très vite, les nouvelles capacités des ordinateurs vont rendre possibles des avancées jusque-là inimaginables.

Étape n° 2: le tournant des années 2010

L'histoire de l'IA, comme celle de nombreuses autres disciplines scientifiques, est faite de sérendipités, de discussions et d'échanges internationaux. Les récits personnels des parcours des chercheurs viennent enrichir la grande histoire de l'IA et celui de Fei-Fei Li est particulièrement singulier. Fei-Fei Li, aujourd'hui professeure à l'université de Stanford et codirectrice de l'institut pour une « IA centrée sur l'humain » (HAI Institute, récent organisme de recherche soutenant les valeurs d'inclusion et d'indépendance et d'interdisciplinarité dans le développement de l'IA), a été au centre du basculement de l'IA dans l'ère du deep learning. Elle permet à toute la communauté scientifique d'avoir enfin la possibilité de confronter les approches de ses membres au sein d'une compétition annuelle de classification d'images appelée « ImageNet ». Elle a l'idée de reprendre un projet des années 1990 baptisé « WordNet » qui proposait une façon nouvelle de lier les mots entre eux selon une relation d'appartenance (par exemple « le bulldog est un chien qui est un animal », etc.). L'idée est d'adjoindre à quelque 22 000 objets présents dans WordNet, une centaine d'images par objet leur correspondant. Ainsi en 2007 (année de lancement de l'iPhone) commence le projet ImageNet. Pour trier ces images, Fei-Fei Li fait appel via le service de microtravail Amazon Mechanical Turk, à plus de 6 000 personnes provenant de plus de 150 pays pour annoter les dizaines de millions d'images nécessaires. Une fois cette prouesse opérationnelle finie, elle propose ce jeu de données en open source (libre accès) et crée en 2010 une compétition elle aussi baptisée « ImageNet ». En 2012, pour la première fois dans la compétition, la combinaison entre un jeu de données massif, une puissance de calcul inédite (deux GPUs, des machines conçues à l'origine pour la pratique des jeux vidéo) et ce vieux modèle permettent à l'équipe du chercheur canadien Geoffrey Hinton de battre tous les records. Cette (re)découverte lui vaudra le prix Turing huit ans plus tard, l'équivalent du prix Nobel en informatique. L'IA entre dans une nouvelle ère, celle des jeux de données gigantesques.

Dès lors, les capacités des ordinateurs franchissent un cap et permettent de nouvelles applications : montres connectées, lecture d'images, réseaux sociaux, jeux d'échecs, applications dans la banque, la santé, l'automobile… Tout y passe. Le 15 mars 2016, le logiciel AlphaGo de la société britannique DeepMind devient champion du monde du jeu de go. Jeu d'intuition par excellence, l'étape est symbolique, plus peut-être que la victoire aux échecs, et montre la nouvelle force des algorithmes. Le 8 mai 2018, l'assistant virtuel de Google réussit à se faire passer pour un être humain au téléphone, réussissant le fameux test de Turing (présenté dans un prochain chapitre). Tout va très vite. L'IA s'invite dans les dîners de famille, sur les plateaux télé, en une des magazines, dans un film hollywoodien sur quatre. Tout le monde semble avoir un avis. Les hommes politiques s'approprient le sujet, les grandes entreprises lui consacrent des départements entiers, les écoles et universités lui érigent des parcours d'éducation, les expressions « intelligence artificielle » et « Big Data » deviennent des buzzwords nécessaires à toute start-up qui voudrait lever des fonds et le data scientist (spécialiste d'IA) est élu métier le plus sexy du XXIe siècle par la Harvard Business School.

Étape n° 3 : la révolution ChatGPT

Fin 2022, Open AI lance l'outil de conversation GPT3 sur la base d'un modèle d'intelligence artificielle nouvelle génération. ChatGPT est un modèle d'IA générative (qui crée du contenu) conçu pour comprendre et générer du texte de manière naturelle. Basé sur l'architecture GPT (Generative Pre-trained Transformer), il est entraîné sur de vastes quantités de données textuelles pour acquérir une compréhension profonde du langage humain. ChatGPT marque un changement de paradigme : il est capable de répondre à une grande variété de questions, de mener des conversations et même de produire du contenu original dans différents styles et tonalités. L'utilisateur interagit avec lui en langage naturel (anglais, français, etc.). La rapidité de diffusion de cet outil auprès d'un très large public popularise l'IA générative pour le plus grand nombre. ChatGPT marque l'ère des foundation models (ou modèles de fondation) parmi lesquels les large language models (grands modèles de langage) et les modèles de vision et de traitement d'image (Midjourney, Stability AI) sont emblématiques.

Qu'est-ce qui change ?

Première révolution : l'impact sur l'automatisation des tâches et le remplacement des activités humaines se fait beaucoup plus clair. Écrire un courriel, résumer une réunion, traiter un dossier, inventer une histoire, dessiner une œuvre d'art, composer un morceau de musique… La machine fait maintenant tout cela, et le fait bien.

Deuxième révolution : ChatGPT fait partie des modèles dits « pré-entraînés ». C'est ce pré-entraînement qui dote le modèle d'une compréhension générale du langage. Il est ensuite ajusté ou adapté à des tâches spécifiques telles que la traduction, la génération de texte, la réponse aux questions, etc. Cette approche pré-entraînée permet de réduire la nécessité d'un entraînement à partir de zéro pour chaque tâche spécifique, ce qui économise du temps et des ressources computationnelles. N'importe quel développeur peut désormais tirer les fruits d'un tel modèle et personnaliser son petit assistant virtuel. La pleine puissance de l'IA enfin disponible pour tous. Plus de détails dans le chapitre suivant.

Résumé

L'IA est une discipline relativement jeune par rapport à d'autres disciplines scientifiques. Ses racines remontent aux années 1950 avec les travaux pionniers d'Alan Turing, qui a proposé le test de Turing pour évaluer l'intelligence des machines. La conférence de Dartmouth en 1956 est souvent considérée comme le point de départ officiel de l'intelligence artificielle en tant que domaine de recherche. Depuis lors, l'IA a connu plusieurs phases d'enthousiasme et quelques périodes de déception, appelées « hiver de l'IA », où les discours et les promesses quant aux capacités de la technologie étaient complètement décorrélés des réalités sur le terrain, engendrant un désintérêt des investisseurs, des chercheurs et des industriels. Au tournant des années 2020, l'avènement du passage à l'échelle de certaines idées du deep learning a permis de voir émerger l'ère des très grands modèles, bien plus performants sur un grand nombre de tâches.

Chapitre 4

Les raisons d'un succès

Le sexe chez les adolescents

Depuis soixante ans, trois grands facteurs expliquent l'essor du phénomène IA : explosion de la puissance de calcul, omniprésence de la data, et nouveaux algorithmes.

Huit traîtres et un prophète (ou l'explosion de la puissance de calcul)

Commençons par la puissance des machines. Le phénomène est exceptionnel. En économie, c'est généralement la fameuse loi des rendements décroissants qui doit s'appliquer : plus le temps passe, plus la performance, le rendement, l'efficacité augmentent, mais à un rythme ralenti. Le meilleur exemple est celui du train. En 1804, le premier train à vapeur voit le jour en Angleterre. L'écart de vitesse avec le cheval est énorme. Les premiers investissements sont très payants et la vitesse des trains croît à grands pas. La locomotive Diesel, le train électrique, puis le TGV permettent, tour à tour, de gagner en rapidité. Mais chaque gain en vitesse est moins important que le précédent. Aujourd'hui, le temps passé et les montants investis sont gigantesques pour gagner seulement quelques kilomètres-heure. Le record sur rail pour un train de série non modifié, détenu depuis 2003 par le Transrapid de Shanghai et ses 501 km/h, n'a toujours pas été battu !

Étrangement, dans le domaine informatique, la loi des rendements décroissants semble ne pas s'appliquer à la puissance de calcul des ordinateurs. Celle-ci a maintenu son rythme pendant des décennies, sans faiblir. Le phénomène est assez rare pour qu'on lui consacre quelques lignes. Tentons de faire un peu d'électronique. Pour bien saisir le phénomène, il faut comprendre comment marche un ordinateur. Pas de panique, ici, aucun détail technique. Les experts de l'informatique pardonneront d'ailleurs ces quelques approximations.

Comme un cerveau, un ordinateur fonctionne grâce à deux fonctions : une mémoire et un processeur. La mémoire (le disque) se souvient, le processeur réfléchit, calcule. L'élément de base du processeur s'appelle le transistor. C'est un petit composant électronique qui peut choisir entre deux options : laisser passer l'électricité ou la bloquer. On parle d'un composant binaire. Ces transistors sont ensuite combinés pour former des composants électroniques plus gros, les microprocesseurs. En combinant toutes les mini-décisions 0/1 des transistors, ces circuits peuvent coder des messages entiers et faire des calculs très complexes. Mais l'élément de base, celui qui permet à la machine de calculer, reste bien ce petit transistor.

Pour l'anecdote, le transistor a été inventé en 1947 par trois scientifiques américains dont le plus connu reste William Shockley. Au même moment exactement, et de manière complètement indépendante, deux chercheurs allemands font d'ailleurs la même trouvaille et lancent, le 18 mai 1949, le transistor européen. Ils l'appellent le Transitron. Celui-ci est plus solide et plus efficace. Mais le gouvernement français est concentré sur l'effort nucléaire. Il néglige son soutien au Transitron qui perd son avantage économique sur son concurrent américain. C'est ce dernier qui finit par s'imposer, aidé par les nouveaux géants de la toute jeune Silicon Valley. Il faut attendre quelques années pour que l'on comprenne la portée d'une invention qui va, à jamais, changer la face du globe. Ce n'est que neuf ans après leur découverte, en 1956, que les trois Américains reçoivent le prix Nobel de physique.

Après la réception du Nobel, William Shockley se voit confier les rênes d'un laboratoire dernier cri, par le géant des technologies informatiques Beckman Instruments (toujours en activité à ce jour – Beckman Coulter revendiquait en 2011 pour 3 milliards de dollars de chiffre d'affaires). Shockley s'entoure alors des esprits les plus brillants du monde de la physique. Il recrute directement à la sortie des meilleures universités du pays où il est certain de trouver les jeunes talents qui pourront l'aider à prolonger ses recherches. Ils sont huit. Parmi eux, Jean Hoerni, Robert Noyce et Gordon Moore. Shockley espère les impressionner avec son prix Nobel et l'avancée de ses recherches. Mais le professeur est autoritaire et, très vite, il se fait détester par ses nouveaux collaborateurs. Finalement, les huit décident de se débarrasser de Shockley. Le 18 septembre 1957, ils quittent le professeur et signent avec Sherman Fairchild, un jeune entrepreneur de la Silicon Valley, la création d'un Fairchild Semiconductor Laboratory. Pour le physicien, c'est une trahison, et les huit scientifiques démissionnaires passeront à la postérité comme les « huit traîtres ». De Fairchild Semiconductor sortiront des dizaines de sociétés les unes plus innovantes que les autres. Elles feront le succès et la fortune de ces huit comparses. Parmi elles, AMD et Intel capitalisés aujourd'hui à respectivement 20 milliards de dollars (équivalent de Renault) et 230 milliards de dollars (équivalent d'un TotalEnergie plus d'un Airbus). En sciences comme en politique, la trahison est souvent payante.

Parmi ces « huit salopards », il en est un qui a marqué l'histoire plus que les autres. Gordon Earle Moore, cofondateur d'Intel. Moore a prophétisé une loi sur l'évolution de la puissance des ordinateurs. Dévoilée en 1965 dans le magazine *Electronics*, cette loi affirme que le nombre de transistors présents dans un processeur (et donc la puissance de calcul des ordinateurs) doublerait tous les deux ans. Ici pas de formule scientifique, Moore n'invente pas une loi physique, plutôt une conjecture, une prophétie. Et si celle-ci passe à la postérité, c'est grâce à son étonnante exactitude. En moyenne, entre 1971 et 2001, la densité des transistors a été, tous les deux ans, multipliée par 2,04. La prophétie de Moore est impressionnante de précision. Corollairement, les ordinateurs sont devenus de moins en moins coûteux et de plus en plus puissants, rendant rapidement obsolète n'importe quelle machine.

En 1997, pour parfaire sa théorie, Moore déclare que cette croissance de la performance des puces se heurterait aux environs de 2017 à une limite physique : celle de la taille des atomes. Et nous y sommes. Certains éléments du transistor ne sont désormais constitués que de quelques atomes. Nous touchons aux limites de la physique. Ainsi, depuis quelques années, le rythme du développement diminue. C'est la fin de la prophétie. La course à la réduction des transistors, et donc la course à la puissance, a fini par ralentir. Ainsi en 2014, les premières puces gravées en 14 nanomètres, soit 5 000 fois plus fin qu'un cheveu, sont arrivées avec un an de retard. Et celles de 7 nanomètres prévues pour 2020 ont eu plus de deux ans de retard. Il aura fallu six ans pour doubler leur nombre. C'est la fin de la loi de Moore qui aura tenu pendant près de quarante ans. Notons au passage que l'avènement prochain des ordinateurs quantiques, qui cherchent à remplacer le transistor binaire (l'électricité passe ou ne passe pas) par un transistor s'appuyant sur les différents états quantiques de la matière, va permettre un bond de géant dans le développement de la puissance de calcul informatique.

Alors, quel impact tout cela a-t-il sur l'essor de l'intelligence artificielle ? Bien sûr, des machines plus puissantes permettent une IA plus performante. Au début des années 2010, les ordinateurs atteignent un niveau de puissance qui rend possible de faire tourner en temps quasi réel, des algorithmes d'apprentissage automatique nouveaux permettant des applications jusque-là réservées aux laboratoires de recherche informatique. On traite l'image, on traite le son, on traite le texte. Un nouveau champ des possibles s'ouvre aux industriels de la tech… qui n'attendront pas longtemps pour se saisir du sujet. Le voilà, le tournant IA des années 2010.

Le sexe chez les adolescents, ou l'essor de la donnée de masse

« Le Big Data, c'est comme le sexe chez les adolescents. Tout le monde en parle, mais personne ne sait vraiment ce que c'est. » Nous sommes en 2013 et celui qui parle s'appelle Dan Ariely, professeur d'économie comportementale à l'université Duke en Caroline du Nord. Si la formule est restée, l'idée semble de plus en plus difficile à défendre.

En français « données massives », le Big Data est le nom donné au phénomène d'explosion de la quantité des données présentes dans le monde numérique. Les avancées technologiques de la micro-informatique permettent de stocker et d'analyser des volumes de plus en plus importants d'informations, à condition que celles-ci soient bien sûr numérisées. Nos amis américains diraient « digitalisées ». Du chemin a été fait depuis les premières disquettes, le CD-ROM, le DVD, la carte mémoire, la clé USB. Depuis trente ans, la miniaturisation et la réduction des coûts de stockage ont connu des proportions extraordinaires. Dans les années 1980, un disque dur de capacité dépassant le gigabit pesait 30 kg et valait près de 100 000 dollars. Aujourd'hui, le gigabit de stockage vaut environ 0,03 dollar, et le dernier iPhone en stocke jusqu'à 512, soit l'équivalent de 75 films en HD !

Les nouvelles générations de serveurs de données ont permis aux géants du net d'accumuler des quantités d'information titanesques. Début 2018, c'est près de 15 zettabits de données qui étaient stockées dans le monde. Pour comprendre ce nombre barbare : si le bit est une information élémentaire (0 ou 1, vrai ou faux, quelque chose ou rien), un zettabit représente 10^{21} bits. L'information stockée début 2018 était donc de 15 000 000 000 000 000 000 000 bits. C'est à peu près le nombre de grains de sable sur terre. Et cette explosion de la donnée stockée n'est pas près de s'arrêter. Les experts anticipent 1 300 zettabits de données en 2025, soit demain.

Au passage, cette croissance exponentielle des capacités ne va pas sans poser des questions sur l'empreinte énergétique et environnementale d'un tel stockage. Les data centers américains consomment annuellement quelque 100 milliards de kWh par an. C'est la production annuelle de 38 grosses centrales électriques. En 2017, les data centers consommaient déjà 3 % de l'électricité mondiale. C'est plus que ce qu'a produit en 2017 tout le parc nucléaire français. Cette consommation globale des data centers double en moyenne tous les quatre ans. Selon Reinhold Dauskardt, professeur à Stanford, si rien ne change, c'est en 2037 que les ordinateurs consommeront plus de d'électricité que le monde n'en produira. Alors, pour faire face à ce défi énergétique, les grands acteurs du numérique, GAFAM en tête, consacrent une partie croissante de leurs ressources à la production d'énergie renouvelable. Google a récemment affiché un objectif de 100 % renouvelable pour toutes ses opérations, y compris ses data centers. Affaire à suivre.

L'explosion de la quantité de données numérisées s'explique par deux grands facteurs. D'un côté la numérisation de données préexistantes, de l'autre la création de data nouvelles. D'abord, beaucoup de sociétés se sont attachées à numériser et stocker toutes les informations déjà présentes sous forme papier, bobine ou disque : articles, livres, films, musiques, photos. Tout y est passé. C'est en 2002 que le stockage numérique a dépassé, en proportion, le stockage analogique, tous supports confondus. L'exemple textuel est intéressant. Tous les adeptes de Chrome, le navigateur internet de Google, connaissent le CAPTCHA. Technologie acquise par Google fin 2009, elle permet de s'assurer que c'est bien un humain, et pas un robot, qui cherche à ouvrir la page internet. On demande au navigateur de reconnaître un texte sur une image floue, ou d'identifier les panneaux de signalisation sur une photo. Mais les tests ne sont pas choisis au hasard. Découpés soigneusement dans la bibliothèque de Google, ils permettent de faire participer le navigateur à l'immense travail de numérisation des textes scannés par la compagnie. Grâce à cette technologie, Google a pu constituer une bibliothèque qui comptait en 2013 plus de 30 millions d'ouvrages.

Aujourd'hui cependant, la donnée numérique est principalement de la donnée nouvellement créée. L'homme a produit davantage de ces données au cours de ces deux dernières années que dans toute l'histoire de l'humanité. Les particuliers, les entreprises, tout le monde crée aujourd'hui de la donnée. L'ensemble de nos recherches internet, les mails que nous écrivons, mais aussi nos réfrigérateurs, voitures, téléphones, montres, chauffages, compteurs d'eau, cartes de crédit. De plus en plus d'objets de tous les jours sont connectés et produisent de la donnée. On appelle cela l'IoT, l'Internet of Things. Toutes ces données sont stockées et des gens dont c'est le métier, les fameux data scientists, tentent d'en tirer de la valeur. D'ici 2025, c'est plus de 20 milliards d'objets connectés attendus dans le monde, participant de la collecte, l'analyse ou le partage des données. L'empreinte numérique, de plus en plus fournie, que nous laissons quotidiennement, perdurera longtemps après notre propre mort.

Alors pourquoi autant ? La donnée est le carburant des algorithmes d'IA. Et ceux-ci sont de grands consommateurs. Pour nourrir un algorithme de reconnaissance d'image, il faut des centaines de milliers d'exemples. D'où l'importance de ces volumes massifs d'information, de ce Big Data.

Résumé

On doit la montée en puissance fulgurante de l'intelligence artificielle au cours des soixante dernières années à trois facteurs principaux : l'explosion de la puissance de calcul, l'omniprésence de la donnée et l'émergence de nouveaux algorithmes. Si la loi de Moore a annoncé avec une précision remarquable une continuité inédite dans le développement de la puissance de calcul informatique, les avancées technologiques en matière de stockage ont permis aux entreprises de collecter et d'exploiter des volumes massifs d'informations, constituant ainsi une ressource précieuse pour les algorithmes d'IA. L'émergence de nouveaux algorithmes, notamment dans le domaine de l'apprentissage automatique, a permis d'exploiter efficacement ces données massives pour entraîner des modèles d'IA capables de reconnaître des schémas complexes et de prendre des décisions autonomes, ouvrant la voie à de nouvelles applications et avancées technologiques toujours plus rapides.

Chapitre 5

Le nouveau paradigme technologique

L'ère de l'IA générative

Contexte historique

Comprendre la révolution technologique qui sous-tend l'émergence de ChatGPT ou Midjourney nécessite un bref retour dans l'histoire récente de l'IA. Au début des années 2010, l'IA connaît un tournant décisif. Les chercheurs mettent en évidence la supériorité du deep learning pour un grand nombre de tâches traitant du texte ou des images en s'appuyant sur l'arrivée des données massives et des nouveaux moyens de calculs. On entraînait alors un modèle pour une tâche donnée : classer des images, trier du texte, traduire du texte, jouer au go, etc. Au-delà de la tâche pour laquelle ces modèles étaient entraînés, ils s'avéraient totalement inutiles. ChatGPT est l'incarnation d'un changement de paradigme qui s'opère avec l'IA générative : un modèle est désormais performant sur un grand nombre de tâches[1]. Il devient performant pour effectuer des tâches sur lesquelles il n'a pas été entraîné a priori et est ainsi capable de généraliser à

1. https://aclanthology.org/2022.emnlp-main.340.pdf

partir de simplement quelques exemples écrits en langage naturel (en français ou anglais par exemple). En outre, ses performances s'améliorent lorsqu'on lui donne un exemple de raisonnement logique aidant à la résolution. À cet égard, il joue un rôle semblable à celui d'un compilateur informatique : traduire un programme haut niveau en instruction exécutable par une machine. En clair, on peut dialoguer avec la machine en langage naturel pour lui faire exécuter des tâches très diverses. Ce nouveau paradigme devient possible grâce à l'émergence concomitante de plusieurs facteurs. D'abord, le passage à l'échelle de la taille des modèles (qui a augmenté de près de 15 000 fois entre 2017 et 2022[1]) a permis des gains de performances inégalés. La puissance de calcul des cartes graphiques utilisée pour l'entraînement a été multipliée par 7 000 depuis 2003 et le prix d'une unité de calcul a drastiquement baissé[2] dans le même temps. Avant l'ère de l'apprentissage profond, la quantité de calcul utilisée par les modèles d'IA doublait tous les 21 mois environ ; depuis que l'apprentissage profond s'est imposé vers 2010, la quantité de calcul utilisée par les modèles a commencé à doubler tous les 4-6 mois[3]. Enfin, la donnée sur laquelle ces modèles sont entraînés est accessible aux développeurs en quantité toujours plus importante. Ces trois facteurs de base sont centraux dans la fabrication des modèles de fondation.

La fabrication des modèles de fondation, au cœur de l'IA générative

Les foundation models ou « modèles de fondation » en français forment une classe émergente de modèles à la base de la révolution de l'IA générative. Avec l'avènement des foundation models, les chercheurs ont conclu que le passage à l'échelle de ces systèmes (en termes de taille des modèles et des jeux de données et donc des

1. https://d1.awsstatic.com/events/Summits/reinvent2022/AIM405_Train-and-deploy-large-language-models-on-Amazon-SageMaker.pdf
2. https://aiindex.stanford.edu/wp-content/uploads/2023/04/HAI_AI-Index-Report_2023.pdf
3. https://arxiv.org/abs/2202.05924

capacités de calculs) était la clé pour repousser la frontière technologique. Ces modèles sont fabriqués en plusieurs étapes. Ces modèles peuvent traiter un type de données en particulier (texte, image, audio, séquences de protéines, etc.) ou être aussi multimodaux, c'est-à-dire combiner plusieurs types de données pour produire leur analyse. Notons que les large language models (LLMs) ou grands modèles de langage sont une sous-classe des modèles de fondation. Pour illustrer leur fabrication, nous prendrons l'exemple du texte.

Le modèle de base est souvent formé par apprentissage autosupervisé sur des données à grande échelle (« web scale data »). On prédit par exemple un mot manquant dans une phrase compte tenu de son contexte environnant (c'est-à-dire les mots précédant et/ou suivant le mot masqué). Ainsi, l'apprentissage autosupervisé ne nécessite pas d'exemples annotés, mais construit automatiquement ses propres tâches de prédiction. Cette phase est appelée la phase de pré-entraînement et le modèle qui en résulte est essentiellement une machine à prédire le prochain mot (par exemple, proposer une suite à un prompt d'un utilisateur de chatbot). À cette étape, les LLM peuvent être vus comme une « infrastructure », une brique de base pour traiter de l'information. Ce ne sont pas encore des produits capables de respecter une politique de modération de contenu du type de ChatGPT. Ces modèles sont en général modifiés et affinés après cette phase de pré-entraînement initiale.

La phase de fine-tuning ou d'adaptation consiste à modifier les LLM pré-entraînés pour qu'ils produisent de manière plus fiable les résultats souhaités. Cela peut consister à améliorer l'alignement d'un modèle sur des préférences utilisateurs ou à le spécialiser pour un certain domaine ou un certain type de tâches. Parmi les approches principales, on compte :

- L'apprentissage par instructions, qui consiste à montrer des exemples de réponses possibles pour diverses tâches au modèle (cet entraînement est donc supervisé).
- L'apprentissage par renforcement à partir de feedback humain. La plupart des nouveaux modèles ont été affinés/spécialisés par leurs concepteurs pour être plus performants sur certaines

tâches (et domaines) ou agir comme des filtres de sécurité afin de contraindre certains types de réponses à « rester dans les rails », c'est-à-dire à se conformer à certaines politiques de modération de contenu. On utilise des données humaines collectées par les grands laboratoires d'IA qui externalisent l'annotation à des plateformes tierces[1] (les annotateurs peuvent être localisés par exemple au Kenya et payés 2 dollars de l'heure dans le cas de OpenAI[2]). Ces annotateurs vont noter les « bonnes » et les « mauvaises » réponses du modèle en fonction de règles qui leur sont données par les concepteurs des modèles. Cette phase a pour but d'aligner le modèle sur des préférences utilisateurs (avoir une bonne expérience de dialogue fluide) ou de contraindre le modèle à ne pas répondre à certaines questions ou répondre d'une certaine manière. Cette phase est facilement cassable (pour un développeur malveillant qui aurait accès au modèle) et peu robuste.

- Il existe d'autres techniques moins coûteuses que l'adaptation des LLM, ne nécessitant pas l'emploi de ces plateformes d'annotation. C'est le cas de l'apprentissage en contexte (in-context learning) qui ne requiert de la part de l'utilisateur que de donner l'information nécessaire au modèle via un prompt contenant lui-même des exemples ou un contexte important pour traiter sa requête. L'architecture RAG (Retrieval Augmented Generation) permet aussi au modèle d'aller trouver de l'information dans des documents stockés dans une base de données qu'on lui met à disposition en plus de l'information déjà encodée dans ses poids[3].

1. Exemple de telles plateformes : https://www.mturk.com/
2. https://time.com/6247678/openai-chatgpt-kenya-workers/
3. Les poids (*weights*) sont les coefficients ajustés post-entraînement d'un modèle d'apprentissage automatique, notamment dans les réseaux de neurones.

Les jeux de données de l'IA générative

L'entraînement des foundation models nécessite d'énormes quantités de données (notamment dans la phase de pré-entraînement). Un humain aurait mis 20 000 années à lire les jeux de données utilisés pour l'entraînement des LLMs publiés fin 2023. Bien que les développeurs cherchent généralement à maximiser la qualité, la taille et la diversité des données d'apprentissage, de facto, internet est devenu la source privilégiée pour compiler ces énormes jeux de données. Cette situation pose un problème de représentativité et de biais pour des modèles censés pouvoir constituer demain une nouvelle interface dans notre accès à l'information. En effet, 63,7 % des communications sur internet se font en anglais mais seulement 5 % de la population mondiale parle l'anglais comme langue maternelle à la maison. Près de 3 milliards de personnes – soit 37 % de la population mondiale – n'ont pas accès à internet, selon les Nations unies. Enfin, l'accès à l'internet est inégalement réparti en fonction de l'âge, du sexe, du revenu, du niveau d'éducation, etc. La taille si volumineuse des données fait qu'il n'est pas possible de pouvoir, un à un, examiner la qualité des exemples que l'on montre au modèle. Les jeux de données utilisés sont et resteront biaisés et la qualité du texte varie de façon importante. Ainsi, des chercheurs ont trouvé qu'un des jeux de données d'images devenu presque incontournable pour l'IA contenait des images d'abus sexuels d'enfants[1].

L'évaluation des foundation models

L'évaluation est le processus qui consiste à mesurer les performances d'un modèle selon diverses métriques, c'est-à-dire différents critères. Les modèles de fondation et leurs fonctionnalités (raisonnement, planification, suivi d'une instruction, etc.) sont difficiles à évaluer pour de nombreuses raisons. Ils peuvent accomplir un grand nombre

1. https://www.theverge.com/2023/12/20/24009418/generative-ai-image-laion-csam-google-stability-stanford

de tâches différentes : l'évaluation (comprendre la performance des modèles) devient de plus en plus complexe à mesure que les systèmes d'IA sont à usage général, c'est-à-dire utilisables pour des tâches de plus en plus variées. Une autre couche de complexité de l'évaluation de la performance est qu'il n'y a pas toujours de bonne réponse à une question ou une instruction donnée. Enfin, les évaluations peuvent demander beaucoup de ressources (par exemple l'intervention de médecins pour superviser les évaluations pour des modèles d'IA appliqués à la biologie, etc.).

Dans la pratique, les types d'évaluation les plus courants sont les suivants :

- Benchmarks académiques : un benchmark académique est constitué d'une ou plusieurs tâches à évaluer, d'un ou plusieurs jeux de données servant d'exemples pour l'évaluation et d'une ou plusieurs métriques servant à mesurer la performance du modèle. Les benchmarks académiques sont développés par des chercheurs dans le but de fournir des mesures rigoureuses et reproductibles de la capacité des modèles. Ils sont souvent publiés dans des documents tels que les documents techniques ou les papiers de recherche sur les modèles.
- Préférences humaines : pour certaines tâches, il n'y a pas de bonne réponse, par exemple pour savoir quel modèle est le meilleur pour écrire des poèmes. Pour cela, les développeurs évaluent les préférences humaines, par exemple en fonction de multiples critères (ton de la réponse, longueur de la réponse, formatage des réponses ou simplement de l'utilité de la réponse).
- Red teaming : le « red team » est similaire aux crash-tests des voitures. Bien que personne n'espère jamais un accident, on veut tester la résilience de la voiture dans les pires scénarios imaginables. Les modèles sont souvent testés avec une présomption de bonne intention, c'est-à-dire que les tests ne sont pas de nature adverse. Le red teaming est une forme de test où le modèle est spécifiquement incité à dérailler, avec des prompts destinés à susciter des réponses non désirées.

Les gouvernements ont commencé à encourager la pratique du « red teaming » pour l'IA[1].

- Le LLM juge : cette méthode d'évaluation est relativement récente. L'idée est d'entraîner, puis d'utiliser un modèle spécifiquement pour évaluer les résultats d'un autre modèle. Cela a pour avantage d'automatiser l'évaluation sans avoir à recourir à des annotations humaines. En revanche, cette méthode reste pour l'instant moins précise que le recours à un humain dans de nombreuses situations.

Aucune de ces méthodes n'est parfaite. L'évaluation est aujourd'hui à la fois un problème pratique et un problème de recherche car on observe des écarts importants entre ce que mesurent les benchmarks académiques et les performances réelles des modèles déployés.

Les limites des modèles d'IA : vers une logique de systèmes et d'agents

En tant que purs modèles statistiques, les modèles de fondation s'améliorent à une vitesse vertigineuse mais présentent encore de nombreuses limitations techniques qui sont autant de problèmes scientifiques pour lesquels la recherche, bien que très active, n'est pas encore mature. Voici quelques exemples (non exhaustifs) :

- L'information contenue dans le LLM est périssable. La « mémoire » des LLM est limitée à l'information disponible au moment de l'entraînement. Ce temps d'entraînement prenant des mois, les connaissances du modèle sont déjà périmées à la fin de la phase d'entraînement. Si on réentraîne avec de nouvelles données, cela efface globalement les précédentes : on a du mal à éditer finement le modèle (changement du nom d'un Premier ministre, etc.).

1. https://www.whitehouse.gov/ostp/news-updates/2023/08/29/red-teaming-large-language-models-to-identify-novel-ai-risks/

- La « tromperie flagorneuse » – la tendance empirique observée chez les chatbots à être d'accord avec leurs interlocuteurs, quelle que soit l'exactitude de leurs déclarations – est une préoccupation émergente dans les LLM.
- Les hallucinations. La plupart des LLM inventent des faits et même de fausses citations assez facilement. Il est difficile de déterminer où se trouve la source d'une génération particulière à partir de la génération elle-même.
- La « prime au sachant ». Si le modèle comprend via le dialogue que l'utilisateur est moins expert/moins savant quand il pose une question, il a tendance à donner des réponses moins précises, voire fausses.

Afin d'atténuer ces limitations, les développeurs cherchent à combiner de multiples composants (interpréteur de code, moteur de recherche, calculatrice, etc.) orchestrés par le modèle de fondation pour améliorer la qualité du système d'IA. Il s'agit aussi de couches de traitement supplémentaires (guardrails), de bases de données externes, ou de la possibilité d'appeler d'autres programmes. On espère ainsi que le résultat total sera meilleur pour l'utilisateur que ce qu'un modèle seul est capable de fournir. Ainsi, ChatGPT ou Midjourney sont des systèmes d'IA qui possèdent de nombreuses couches de pré- et post-traitement en plus du LLM.

Résumé

L'IA générative émerge d'un passage à l'échelle des techniques issues du deep learning : toujours plus de données pour entraîner des modèles toujours plus grands utilisant une puissance de calcul toujours plus importante. Ce nouveau paradigme a permis l'émergence de systèmes comme ChatGPT. Il est important de comprendre le fonctionnement technique de ces modèles et la façon dont ils sont produits pour en comprendre les limitations et en avoir un usage éclairé. Pour pallier les principales limitations de la technologie, les développeurs adoptent de plus en plus une logique de systèmes qui utilisent le modèle comme brique de base. C'est de la réalité technique sous-jacente de ces systèmes que découlent d'importantes questions sociale, économique et stratégique, traitées dans les autres chapitres.

SECTION 2

Quatre enjeux de civilisation

Chapitre 6
La fin du travail ?

La prophétie de Marx

Trois théories économiques

Commençons par poser trois grandes théories qui ont structuré la pensée économique du xxe siècle. Voyons ensuite comment l'IA les a battues en brèche.

Première théorie – Karl Marx

Nous sommes en 1867 et Karl Marx vient de publier *Le Capital*. Il y analyse une société européenne industrialisée en proie au tumulte social. Son constat est clair : une fracture nette entre d'un côté une minorité de capitalistes oisifs, détenteurs du capital et en particulier des moyens de la production (usines, machines, trains…), et de l'autre une classe prolétarienne, majoritaire et travailleuse, qui crève de son exploitation par les premiers. Une telle partition, annonce-t-il, ne peut que déboucher sur la lutte de classes. D'après Marx, celle-ci se soldera par la victoire pleine et entière du prolétariat. La prophétie de Marx est posée. Elle inspirera un siècle et demi de doctrine socialiste.

Deuxième théorie – Piore et Doeringer

Un siècle plus tard, en 1971, nous sommes à la fin des Trente Glorieuses. Deux économistes américains tentent à leur tour d'analyser la fracture qu'ils observent dans les sociétés des pays dits « développés ». S'il est moins flamboyant dans sa formulation que le texte de Marx, l'article des Américains Michael Piore et Peter Doeringer est tout aussi redoutable. C'est lui qui pose les bases de cinquante années de recherche en économie du travail, et reste encore étudié à ce jour. D'après nos deux acolytes, le marché du travail est divisé en deux parties, séparées par une barrière quasi infranchissable.

D'un côté un premier marché est dit « marché primaire » du travail et est composé de salariés, éduqués, qui jouissent d'une véritable stabilité de l'emploi et de salaires élevés. Ils construisent leur évolution selon une logique de carrière, ponctuée par des promotions régulières. Peu concerné par le cycle économique et par le chômage de masse, le salarié peut se projeter dans le futur, mettre de l'argent de côté, emprunter, se soigner, épargner, acheter un appartement…

De l'autre côté, le « marché secondaire » du travail. Si les salaires y sont souvent beaucoup plus faibles, ils sont aussi plus mouvants et s'ajustent au gré de la conjoncture. Ils augmentent durant les périodes fastes et diminuent pendant les crises. L'emploi y est précaire : intérim, CDD, contrats courts. L'employé du secteur secondaire n'a pas de perspective, pas de stabilité et son contrat de travail, quand il existe, ne lui donne que peu de garanties quant à son maintien dans l'emploi. Ces dernières années, la dynamique d'ubérisation de l'économie qui a développé des logiques d'auto-entreprenariat et de flexibilisation du droit du travail vient renforcer le caractère précaire de ce marché secondaire. En Allemagne, les *Minijobs* peuvent être cumulés à d'autres activités et donnent droit à 520 euros par mois pendant deux mois. Ils permettent aux entreprises de recruter sans engagement des salariés le temps d'un pic d'activité. En Angleterre, les *Zero Hour Jobs* suivent la même logique de flexibilisation à l'extrême. L'employeur ne mentionne dans le contrat aucune indication d'horaire ou de durée minimale de travail. Le salarié est rémunéré uniquement pour les heures travaillées, et doit pouvoir se rendre disponible à n'importe quel moment de la journée.

Ces deux groupes sont parfaitement hermétiques. C'est la théorie dite du « dualisme du marché du travail ». Les nombreux économistes qui publient ensuite sur le sujet identifient de multiples causes à une telle dichotomie. La première d'entre elles : le niveau de qualification. Le premier groupe a fait des études supérieures, le second n'a pas eu cette chance.

Troisième théorie – Joseph Schumpeter

États-Unis, 1942. L'économiste autrichien Joseph Schumpeter vient de publier son ouvrage *Capitalisme, Socialisme et Démocratie*. Il y développe le concept de « destruction créatrice », c'est-à-dire d'un progrès technologique qui tue les entreprises inefficaces, inadaptées et qui détruit leurs emplois. Mais aussi un progrès technique qui permet à de nouvelles entreprises, complémentaires de son innovation, de se développer et de croître, créant de nouveaux métiers qui supplantent, dans une proportion à peu près identique, les emplois supprimés. L'exemple paradigmatique de Schumpeter est celui du chemin de fer qui tue la diligence au XIXe siècle. En quelques années, les sociétés de diligences, leurs conducteurs, maréchaux-ferrants… sont mis de côté. Mais la rapidité du train à vapeur ouvre la porte à une création de valeur – et donc d'emplois – considérable qui compensera largement la perte d'activité de la diligence.

La fin de l'ère Schumpéterienne ?

Rappelons-nous le chapitre 2. Les nouvelles techniques d'intelligence artificielle, machine et deep learning en tête, ont permis un saut technologique sans précédent. L'IA peut aujourd'hui reproduire des systèmes complexes. Elle intègre avec finesse des comportements humains et va jusqu'à capter des phénomènes d'intuition, d'expérience, de sensibilité… pour mieux les répliquer. Pour mieux les transcender. Les impacts sociétaux sont considérables, en particulier sur le marché du travail où l'étendue des types d'emplois menacés d'automatisation explose.

Au XIXe siècle, la technologie nouvelle est la machine à vapeur. Elle vient automatiser des tâches manuelles souvent pénibles dans les usines et concerne en priorité les cols bleus. Aujourd'hui, dans les entreprises de services, les cols blancs et leurs activités à forte teneur intellectuelle sont en première ligne. Toute forme systématisable de travail est directement menacée. Et l'IA générative (textuelle, graphique...) n'améliore pas les choses. À l'heure où ces lignes sont écrites, les premières entreprises françaises, sélectionnées par Microsoft, testent le Copilot, cet outil qui utilise la technologie ChatGPT pour synthétiser une réunion, pré-écrire un mail ou drafter une présentation, tâches classiques et quotidiennes du jeune cadre dynamique.

Rapport après rapport, les grands instituts de recherche privés comme publics revoient leurs chiffres à la hausse. Derniers en date, les rapports de Goldman Sachs et de McKinsey de 2023. Le premier prévoit 300 millions d'emplois que l'IA pourrait remplacer dans un avenir proche, soit un quart de l'activité mondiale. Le second prévoyait un potentiel total d'automatisation de 50 % du temps de travail mondial en 2017. L'estimation remonte à 60-70 % après la sortie de ChatGPT et l'explosion de l'IA générative.

Un tel niveau de potentiel remplacement d'activité humaine est une première dans l'histoire moderne. L'impact attendu en termes de destruction d'emplois a de quoi faire peur. Dans ces conditions, le niveau d'optimisme nécessaire pour continuer à croire en la théorie de la destruction créatrice schumpétérienne – avec maintien du niveau d'emploi de long terme – a grimpé en flèche. Évidemment, nombreux sont les nouveaux métiers qui seront créés, la plupart encore inconnus. Parmi ceux que l'on commence à identifier, le prompt engineer (celui qui interroge une IA, type un ChatGPT, de manière efficace), l'ingénieur en robotique, et bien sûr le spécialiste de sécurité cyber. De nouvelles plateformes vont jusqu'à automatiser le métier même de data scientist (celui qui entraîne les algorithmes d'IA), dans une version moderne de l'arroseur arrosé. Dans un tel contexte, les nouveaux métiers peuvent-ils encore compenser en volume tous les métiers détruits par l'IA ? Faut-il encore croire en Schumpeter ? Il est permis d'en douter.

Zoomons maintenant sur les types de métiers concernés. Hier, les ouvriers les moins qualifiés étaient les plus directement concernés par l'automatisation, le plus souvent sur des activités physiques. Le Chaplin des temps modernes, ou le poinçonneur des Lilas de Gainsbourg en proposent deux jolis exemples. Aujourd'hui, la nouvelle donne de l'IA, en particulier sa capacité à capter intuition et expérience, met sur la sellette des métiers qualifiés dont une bonne partie des tâches, intellectuelles mais systématiques, sont directement remplaçables par la machine. Avocat, médecin, expert-comptable, directeur marketing… tous ceux-là sont concernés. La division de nos amis Piore et Doeringer ne tient plus ! Le niveau de qualification ne fait plus la distinction entre les deux types de marchés du travail et c'est une nouvelle fracture qui émerge. Elle oppose d'un côté les formes systématisables de travail, peu importe leur niveau de qualification, et de l'autre les formes non systématisables. Si le fiscaliste, le développeur web et le routier ont du souci à se faire, le chirurgien, le coiffeur et le poète ont encore de beaux jours devant eux. La théorie des deux Américains va devoir être complétée.

L'erreur de la prophétie de Marx

En 1867, Marx nous décrivait un monde divisé entre une minorité d'oisifs fortunés et une majorité de travailleurs pauvres. Il semblerait que ce soit la situation exactement inverse qui se profile : une société fracturée entre d'un côté une petite minorité de professionnels submergés de travail et aux salaires très élevés, et de l'autre une large majorité de personnes hors de l'emploi et aux ressources limitées. Les premiers se sont rendus complémentaires des progrès technologiques et de l'intelligence artificielle. Ils se sont formés aux nouveaux outils ou ont ciblé les métiers à fort besoin d'humanité (le soin, le commerce, la création). Ils ont d'ailleurs vu leur productivité exploser. Les seconds se sont ajoutés. Ils n'ont pas trouvé leur place dans un monde à la compétition accrue et doivent solliciter en permanence de l'aide de la collectivité. Une telle société est difficilement vivable sur le long terme. Le chapitre 18 proposera des pistes de solutions pour éviter le pire.

Ce thème du remplacement du travail des hommes par l'IA n'est pas nouveau. Nombreux sont les spécialistes, épistémologues, éditorialistes, technologues, politiques… qui le traitent dans la presse, sur les plateaux télé, sur internet ou dans des livres comme celui-ci. Au-delà des discours, des prédictions, des phrases péremptoires, il est important que chacun se façonne son propre avis, quitte à en changer. Attention aux discours extrêmes… dans les deux sens.

Les discours rassurants

Revenons à notre compétition de radiologues chinois. Les discours qui font suite à l'écrasante victoire de l'algorithme méritent notre attention. Organisateurs et cadres du projet BioMIND se relaient au micro des journalistes présents ce jour-là. Le mot d'ordre est simple : pas de panique, la société aura toujours besoin de ses médecins humains, et la collaboration homme-machine permettra la création d'une immense valeur pour le patient. Pour Wang Yongjun, vice-président de l'hôpital Tiantan, « peu importe le vainqueur, le concours n'a jamais eu pour objet d'opposer l'homme et la technologie, mais au contraire d'aider les docteurs à apprendre et à s'améliorer grâce à ses interactions avec la technologie ». De son côté, le docteur Lin Yi, participant malheureux de la seconde épreuve, affirme accueillir l'IA non comme une menace mais comme une « amie ». Bian Xiuwu, membre de l'Académie des sciences chinoise et jury du concours, affirme quant à lui que l'IA n'aura vocation qu'à « assister les docteurs » et se contentera de « fournir des résultats préliminaires ». Le docteur Paul Parizel, ancien président de la Société européenne de radiologie, également membre du jury, confirme que l'IA ne remplacera pas les médecins, et la présente comme un « GPS pour médecin ». Enfin, le docteur Gauden Galea, représentant de l'Organisation mondiale de la santé en Chine et présent pour la démonstration, tente de rassurer : le développement de cette technologie reste à un stade précoce. Il a raison. Ils ont tous raison… en partie. Mais si déjà, la machine distance l'homme de 20 points de précision, qu'en sera-t-il dans quelques années ? Sera-t-on en mesure de résister à la pression médicale ? À la pression économique ? La question mérite bien d'être posée.

Le discours rassurant, promettant complémentarité et émulation entre homme et machine, revient avec régularité chez les élites technologiques ou politiques. Il faut être prudent et faire la part des choses. En intelligence artificielle, le chemin vers la substitution de l'homme passe presque toujours par une phase de complémentarité, voire d'augmentation, de l'humain par la machine.

Le parallèle dressé plus haut par le docteur Parizel avec le monde automobile est intéressant, et l'exemple des technologies d'aide à la conduite probant. Les systèmes d'aide automatique au stationnement, devenus la norme sur les modèles depuis dix ans, ont commencé par assister le conducteur avant de prendre le contrôle de la voiture tout au long du créneau. GPS, régulateur de vitesse, conduite assistée… L'IA embarquée commence toujours par aider le conducteur dans sa conduite… jusqu'à le remplacer totalement. La voiture autonome est à nos portes et le modèle FV2 de Toyota n'a plus de volant.

Attention aussi au discours trop naïf, comme celui qui refuse de croire, au début des années 2000, au remplacement des caissières de supermarché (« hôte de caisse » devrait-on dire pour ne pas oublier les 10 % d'hommes). « Le client a besoin de contact humain. » Aujourd'hui plus personne ne s'émeut de voir se multiplier les caisses automatiques dans nos grandes surfaces (en 2019, elles sont présentes dans plus de la moitié des magasins) et jusque dans nos boulangeries. Les enjeux économiques sont trop importants. Difficile d'arrêter le processus.

Les discours catastrophistes

Mais attention à ne pas aller trop vite en besogne.

D'abord l'hôpital n'est pas le supermarché. Dans le soin, le contact humain joue un rôle fondamental. Et si certains métiers de spécialistes peuvent décliner, les besoins en assistants au soin (infirmier, aide-soignant, manipulateur, psychothérapeute…) vont, eux, se multiplier.

Ensuite, les tâches médicales aujourd'hui maîtrisées par l'IA ne constituent qu'une partie limitée du travail des médecins. L'analyse d'image dans laquelle excelle l'algorithme constitue une partie significative de l'activité du radiologue ou du dermatologue, pas du généraliste ou du cardiologue. Le médecin discute, doute, donne de l'attention au patient, examine, opère, prescrit, adapte son traitement à une psychologie. Ne déclarons pas trop vite le décès de sa profession.

Les progrès de la robotique n'ont pas été aussi fulgurants que ceux de l'algorithmie et le bras articulé est encore loin de remplacer le chirurgien. Si l'IA lui permet de mieux se repérer au sein d'un cœur ou d'un poumon, d'anticiper les mauvaises réactions d'un patient sur sa table d'opération, ou de distinguer rapidement les tumeurs bénignes des cancers, l'homme garde encore le monopole de l'ouverture des corps.

L'homme augmenté de «Lick»

En 2013, Shyam Sankar est CTO de la secrète licorne californienne Palantir, partenaire d'ONG et de nombreuses agences de sécurité (CIA, FBI, DGSI…), connue notamment pour avoir coordonné les efforts humanitaires après le tremblement de terre à Haïti en 2010 et permis la capture de Ben Laden en 2011. Alors qu'il donne une des fameuses conférences TED, Shyam rouvre le sujet de la compétition homme-machine au jeu d'échecs, avec un angle nouveau.

Plutôt que de revenir sur l'épisode Kasparov *versus* Deep Blue de 1997, il raconte une autre compétition. En 2005, un tournoi international d'échecs dit «freestyle» est organisé sur le site Play Chess. Les joueurs, derrière leur écran, ont le droit de se faire aider d'une IA. Une question est sur toutes les lèvres: qui va gagner: le meilleur joueur? la meilleure IA? Mais le résultat défie tous les pronostics: deux jeunes amateurs, Steven Cramton et Zackary Stephen, aidés d'une machine à faible puissance de calcul, remportent le tournoi face à de nombreux grands maîtres et algorithmes bien plus avancés. Pourquoi? Quel avantage comparatif?

Sankar appelle cela le « frottement ». Pour optimiser la solution à un problème complexe pour lequel hommes et machines sont amenés à collaborer, le levier principal est l'optimisation des interactions entre l'humain et l'ordinateur, l'interface. Objectif : permettre à chacun de contribuer à mesure de son plein potentiel : l'homme sur la théorisation, l'inventivité, l'adaptation à la nouveauté, la machine sur le calcul, le traitement de multiples paramètres, la comparaison systématique.

Pour l'expliquer, Sankar revient sur les théories de Joseph Licklider, psychologue américain et informaticien de la seconde moitié du xxe siècle, considéré comme l'un des pères de l'informatique moderne. Pour « Lick », la clé est la collaboration homme-machine dans la prise de décision complexe. Il développe le premier l'idée d'un homme augmenté des pouvoirs de la machine.

Sankar raconte la traque d'un Ben Laden, la lutte pour acheminer l'aide humanitaire à Haïti, ou la résolution d'un problème biologique de repliement des protéines aux fortes implications médicales. Dans tous ces cas, une collaboration active entre l'homme et l'ordinateur a permis de résoudre le problème, aidé par une interface de collaboration efficace.

Résumé

Les progrès fulgurants de l'IA remettent aujourd'hui en question les fondements traditionnels de la pensée économique et posent des défis majeurs en termes d'emploi, questionnant les concepts de division du travail et de progrès. Il appartient à chacun de naviguer entre discours alarmistes et naïfs, et de se préparer à un avenir différent en développant nos compétences humaines… celles qui font de nous des êtres irremplaçables.

Chapitre 7

La fin de l'Homme ?

Inquiétante étrangeté

La dernière vexation

Inquiétante étrangeté. C'est dans cet essai au titre prophétique de 1919 que Sigmund Freud développe sa fameuse thèse des trois vexations : la Science aurait successivement infligé à l'Humanité trois humiliations terribles au cours de son histoire. Cosmologique, la première est l'œuvre de Nicolas Copernic. En démontrant l'héliocentrisme, l'astronome polonais remet en cause la doctrine d'une Terre et donc d'une humanité au centre de l'univers, suscitant tant les critiques de l'Église que des auteurs humanistes du XVIe siècle – à l'exception notable de Montaigne. Premier coup. Biologique, la deuxième vexation est le fruit de la théorie de l'évolution. Depuis Darwin, l'espèce humaine n'est plus séparée du reste du règne animal, et l'Homo sapiens partage ses plus proches ancêtres avec le gorille et le bonobo. Deuxième coup. Enfin, la dernière vexation est psychologique, et c'est Freud qui porte le coup de grâce. Ses développements sur l'inconscient nient l'indépendance et la pleine souveraineté de la conscience humaine, privant l'homme d'un attribut fondamental, considéré comme acquis depuis saint Augustin… son libre arbitre. L'homme en tant qu'être central, unique et libre sort K.-O. de son combat face à la science.

On pensait là le match terminé, mais les récents développements de l'intelligence artificielle semblent en passe d'infliger à l'humanité une nouvelle déconvenue. Tout va très vite. Jusqu'à 2023, on enseignait encore à Sciences Po que trois grands domaines d'activité seraient préservés de concurrence directe de l'IA : le travail manuel – la robotique évoluant à un rythme beaucoup moins soutenu assurant au coiffeur et au chirurgien de beaux jours devant eux ; les activités interpersonnelles – en particulier le soin et le service à la personne ; et enfin les activités créatives et artistiques, que l'on disait « propres à l'homme ». En seulement quelques mois, les nouvelles générations d'algorithmes ont fait tomber ce dernier pilier.

S'il n'a échappé à personne qu'en 2023 l'IA générative, dans sa double dimension textuelle (ChatGPT) et graphique (Dall-E) aura réussi une percée technologique sans précédent, les récents succès de la société californienne Open AI (qui compte Elon Musk parmi ses fondateurs) sont en réalité l'aboutissement de dix ans de progrès technique continu en matière de création artistique et littéraire automatique. Si Paul McCartney a annoncé la sortie d'un nouveau tube combinant de vieux enregistrements de John Lennon à la puissance de l'IA, dès 2016, la chanson *Daddy's Car* s'appuie déjà sur l'IA pour répliquer le style du groupe iconique et génère des millions de téléchargements. En 2019, le géant chinois Huawei termine, à coups d'algorithmes, la 8e de Schubert, la fameuse *Symphonie inachevée*, et la présente avec succès lors d'un grand concert londonien. La machine ne se contente plus de remplir les trous, elle innove, elle invente, elle crée. C'est un tournant dans les développements de l'IA et il n'est pas anodin d'entendre Bill Gates qualifier ChatGPT de plus grande révolution de ces dernières années.

Une telle accélération pose aujourd'hui trois questions majeures. La première est économique et interroge sur le remplacement de l'homme par la machine sur le marché du travail. La deuxième est sociétale et appelle à redéfinir la notion de vérité à l'heure du deepfake de masse. Enfin, la troisième est philosophique et interroge sur la nature même de l'homme à l'heure où nombre de ses activités sont reprises en main par l'ordinateur. C'est la question qui nous intéresse ici. Qu'est-ce qui distingue encore l'homme de la machine ?

La machine est-elle devenue artiste ?

La question n'est pas nouvelle. Dès 1950, le grand informaticien britannique Alan Turing exclut la possibilité fondamentale de déterminer la présence ou l'absence d'une conscience dans un ordinateur. Pour distinguer entre homme et machine, il propose comme alternative de tester la capacité de cette dernière à converser à la manière d'un être humain. Si l'interlocuteur est trompé, le test est réussi. En 2014, l'algorithme de l'université britannique de Reading affirme convaincre 33 % des juges. On a encore un peu de marge. Et puis tout s'accélère, et en 2023, les derniers-nés des GAFAM font parfaitement illusion. Le test de Turing est caduc et la frontière entre homme et machine perd une de ses digues. Et ce n'est pas la dernière. Aujourd'hui, la capacité de la machine de production artistique vient à nouveau brouiller cette frontière et menace l'humanité d'une ultime vexation : la fin de son monopole sur l'art. Le débat est lancé et deux camps se font face.

D'un côté, on tente de rassurer. Ces nouvelles œuvres graphiques automatiques ne peuvent en réalité pas être considérées comme des œuvres d'art. La raison principale : ces algorithmes fonctionnent par recomposition. Ayant ingéré des millions d'images d'œuvres humaines, les algorithmes de Dall-E, Midjourney ou Stable Diffusion en recombinent les formes et les couleurs pour proposer de nouvelles créations. Pure technique ! Sans intention, pas d'artiste ! Sans engagement, pas d'œuvre d'art ! De telles œuvres ne peuvent être qualifiées d'art. On le voit, c'est sur le champ sémantique que se mène le combat contre cette quatrième vexation. Ultime sursaut de l'orgueil humain, l'art serait affaire d'hommes… par définition.

De l'autre côté, on ouvre davantage la porte à un rapprochement. Le rendu d'abord est identique : il sera bientôt impossible, même pour l'œil expert, de distinguer le tableau humain de celui de la machine. Ensuite, le processus même de création de l'algorithme ressemble à celui de l'artiste qui, toujours inspiré d'œuvres du passé, d'un contexte, d'une histoire, produit son œuvre, nouvelle certes, mais jamais ex nihilo. Le procédé de l'algorithme ne fait pas autre chose.

Enfin, on rappelle que la qualification (ou non-qualification) d'œuvre d'art a toujours été un moyen d'exclusion : arme de classe (le piano plutôt que l'accordéon, le cinéma d'auteur au-dessus du cinéma populaire), raciale, ou aujourd'hui utilisée pour défendre le dernier bastion d'une humanité menacée.

Alors oui, il reste le geste. Physique, fragile, humain. Essentiel chez un Pollock, un Yo-yo Ma, ou un Roger Federer. « Mouvement du corps le plus libre, spontané, le plus gratuit, le plus gracieux » pour le philosophe Michel Guérin, c'est peut-être lui qui sauve ce qui reste à sauver de notre spécificité d'être humain en matière de création artistique.

Le débat théorique est lancé. Mais dans la pratique, le combat est déjà perdu, et il ne fait pas bon être graphiste, arrangeur ou monteur vidéo en ce tournant des années 2020. Voilà a minima notre quatrième vexation. Et c'est peut-être la pire de toutes, en cela qu'elle réunit les trois précédentes. L'homme, dans son activité la plus créatrice, est devenu imitable, prédictible, reproductible. Sa spécificité d'être humain s'estompe peu à peu, et il laisse progressivement sa place, au centre de l'économie et du monde, à une machine qui tend à l'égaler. Et tant pis pour l'ego.

Résumé

Et si l'émergence de l'IA était l'ultime camouflet infligé par la science à une humanité déjà humiliée par les découvertes de Copernic, Darwin et Freud ? Dernier coup de massue : l'IA peut créer des œuvres d'art : tableaux, musiques, films... Mais est-ce réellement de l'art ? Et si la réponse à la question philosophique du « qu'est-ce que l'art ? » était notre dernière arme pour tracer une saine limite entre ce qui fait l'homme et ce qui fait une machine ? De quoi regretter ses bonnes fiches de révision du bac philo. L'émergence de l'intelligence artificielle soulève des questions fondamentales sur la nature même de la créativité humaine, remettant en question notre perception traditionnelle de l'art en tant qu'expression exclusive de l'âme humaine. En conférant aux machines la capacité d'imiter les processus créatifs, nous risquons de diluer la singularité et l'authenticité qui caractérisent l'expression artistique humaine depuis des siècles. Face à cette menace, il devient impératif de préserver et de célébrer la richesse de l'art créé par les mains et les esprits humains, affirmant ainsi notre essence et notre identité uniques dans un monde de plus en plus dominé par la technologie.

Chapitre 8

La fin des Lumières ?

Allons-nous devenir des Incas ?

L'IA à l'assaut des fraudeurs

Petite anecdote personnelle. Nous sommes à l'hiver 2015, je suis missionné en tant que data scientist dans une grande banque française, sur un nouveau sujet : éradiquer – a minima diminuer – la fraude grâce au Big Data. À l'époque, la fraude au virement bancaire est encore mal détectée par les grandes banques commerciales. Les sociétés de cartes de crédit (CB, Visa, American Express) ont déjà développé leurs propres techniques pour bloquer un paiement par carte qu'elles considéreraient comme malhonnête. Mais les banques n'ont pas encore fait le job sur leurs virements. L'enjeu est de taille : en France des dizaines de millions d'euros par an sont virés de manière frauduleuse, et le coût financier, opérationnel et réputationnel est énorme pour les grandes banques hexagonales.

Deux problèmes majeurs limitent l'exercice. D'abord, la fraude au virement est protéiforme : arnaque au président, phishing électronique, usurpation d'identité… Les méthodes, les profils des fraudeurs, les montants mis en jeu, sont très différents. Ensuite, il n'est rien qui ressemble plus à un virement légitime qu'un virement frauduleux. Le fraudeur fait tout pour s'en assurer. Alors comment les détecter ? Et comment s'assurer que l'on intercepte bien ces virements frauduleux, sans bloquer le client légitime qui envoie de l'argent à son fils pour Noël ?

On m'ouvre donc un espace fermé pour développer un algorithme, un bac à sable, avec accès illimité aux données de la banque : numéros de compte, soldes, situation des titulaires, historiques des paiements… des montagnes de données anonymisées. Après des jours de manipulation et de traitement des données, il est l'heure d'entraîner un algorithme d'IA. Objectif : prédire, pour chaque virement, s'il est légitime ou frauduleux. Et là se pose une question classique pour tout data scientist : quel algorithme choisir ? En particulier quel niveau de performance (un algorithme qui se trompe le moins possible) pour quel niveau d'explicabilité (un algorithme dont on comprend la prédiction) ?

Petite leçon d'algorithmie appliquée

Il est l'heure de mettre les mains dans le cambouis. Pour parler d'IA, il faut raisonnablement comprendre au moins quelques-uns des grands algorithmes du machine learning. Pas de panique, ici aucune équation barbare, rien d'inaccessible si vous avez arrêté les maths au lycée. C'est parti !

Il existe des dizaines d'algorithmes. Plus ou moins complexes, plus ou moins performants, plus ou moins explicables, plus ou moins consommateurs de données. Un des grands principes de l'algorithmie actuelle est qu'il faut (encore) choisir entre performance et « explicabilité ». Un algorithme est soit très efficace mais complexe et très gourmand en données, soit beaucoup moins performant mais plus simple et plus facilement explicable. Prenons trois exemples.

En bas de l'échelle de la complexité, l'algorithme de régression linéaire permet de trouver une relation de corrélation simple, linéaire, entre une variable explicative et une variable à expliquer. Par exemple, en observant quelques centaines de ménages, on peut anticiper combien un ménage, dont on connaîtrait le revenu, va dépenser en cadeaux de Noël cette année. On arrive à une prédiction simple du type : dépenses de Noël prédites = 30 € + 0,1 % du revenu annuel du ménage. On peut bien sûr complexifier le modèle en ajoutant d'autres points de données : le nombre d'enfants, leur âge, le quartier… Le principe reste le même. Ici, les deux paramètres de la prédiction (le 30 € et le 0,1 %) ont été identifiés en entraînant le modèle sur la centaine d'exemples donnés à la machine. Le modèle a appris de ces exemples. La précision n'est évidemment pas très bonne, mais chaque prédiction sera parfaitement explicable. C'est une formule explicite qui rend transparent l'impact de chacun des facteurs (revenu, nombre d'enfants…) sur la prédiction de dépense.

Partons maintenant à l'autre bout de l'échelle. L'algorithme de réseau de neurones est un chef-d'œuvre de complexité. Composé de nœuds et de liens à la manière des neurones et synapses du cerveau humain, il optimise les valeurs attribuées à chacun des nœuds, et donc à la prédiction, par vagues successives d'optimisation de ses paramètres. C'est typiquement l'algorithme utilisé pour lire une image. C'est lui que j'utiliserais si je voulais apprendre à ma machine à faire la distinction entre des photos de chiens et des photos de chats. Ce genre d'algorithme est particulièrement redoutable. Deux soucis : il est très consommateur de data (j'ai besoin de centaine de milliers d'images au minimum pour l'entraîner), et sa prédiction est complètement opaque. Personne ne peut dire dans quelle mesure la taille de la truffe ou la forme des yeux auront joué dans la prédiction. Dès lors qu'on utilise des réseaux de neurones un peu complexes, on passe dans le champ dit du « deep learning ». Les algorithmes y sont très performants (l'algorithme ne se trompera quasiment jamais), mais très peu explicables.

Au centre se trouvent de nombreux algorithmes intermédiaires. Prenons un classique du genre, le Random Forest (forêt d'arbres aléatoire en bon français). Il permet d'assurer une performance de la prédiction correcte pour un niveau d'explicabilité tout aussi correct. Comment fonctionne-t-il ? Reprenons l'analogie médicale pour l'expliquer simplement. Supposez que vous ayez un problème de santé. Au lieu d'aller voir un seul médecin, vous allez préférer en voir une centaine et ne donnez à chacun qu'une partie de vos symptômes, au hasard. Vous faites voter tous ces praticiens sur le meilleur diagnostic, et le résultat constitue votre prédiction. L'idée maîtresse d'une telle méthode est la décomposition en petits modèles (des petits « arbres ») ayant chacun accès à une partie de l'information, de la data. Le Random Forest est très efficace sur des données chiffrées et structurées. Son niveau d'explicabilité est correct : pas de formule explicite donnant la prédiction en fonction des facteurs, mais il est possible de demander à l'algorithme quels facteurs ont le plus joué dans sa prédiction.

Revenons à notre fraude bancaire. Dans cette situation quel est le meilleur algorithme ? Je suis face à deux options.

Le premier algorithme est plutôt simple : les opérateurs comprennent parfaitement les motifs qui le font bloquer ou laisser passer un virement. Mais il n'a raison que dans 80 % des cas. Certes il y aura quelques clients légitimes énervés par un blocage malvenu de leur virement (certains changeront probablement de banque). Et quelques fraudeurs réussiront sans doute leur manœuvre. Mais tout reste sous contrôle pour le banquier. Il sait que si le virement a été bloqué, c'est qu'il a été passé entre minuit et 4 heures du matin, sur un montant rond, à destination d'un compte à l'étranger ou sur un compte ajouté récemment par le client de la banque. L'opérateur humain reste en maîtrise, ou du moins il comprend ce qui se passe.

Dans la seconde option, l'algorithme est plus complexe. Il a raison 92 % du temps. Beaucoup moins de blocages intempestifs de virements légitimes, et donc d'insatisfaction de clients. Moins de fraude passée également. En revanche, personne dans la banque n'est capable de dire ce qui pousse le modèle à bloquer tel ou tel virement. L'opérateur humain perd l'information, le contrôle, le pouvoir.

Alors, quelle option est la meilleure ? La plupart des entreprises sont encore réticentes à l'idée de perdre le contrôle sur leurs opérations, en particulier quand celles-ci concernent le cœur de leur business. Mais l'argument économique est de plus en plus puissant. En choisissant l'option 1, la banque s'assoit sans doute sur plusieurs millions d'euros par an de fraude à compenser, de départs de clients insatisfaits ou de coûts de gestion. De plus en plus d'opérateurs choisissent donc l'option 2. D'autant plus que les grandes plateformes d'IA proposent des modèles pré-entraînés qui réduisent le besoin en données massives pour entraîner ces modèles, rendant l'algorithme n° 2 de plus en plus accessible.

Le risque « Incas »

Faisons un pas de recul. Le sujet n'est pas uniquement technique. Il s'attaque à l'un des piliers sur lesquels s'est construite notre civilisation, notre manière d'acquérir collectivement du savoir. Dit autrement, la science. Dans son article « Comment finissent les Lumières », publié dans le magazine *The Atlantic* en 2018, Henry Kissinger (1923-2023), pape de la géopolitique américaine, secrétaire d'État sous Nixon et Ford, qui du haut de ses 95 ans n'a rien perdu de sa puissance d'analyse, pose la question suivante : « Allons-nous tous devenir des Incas ? » L'analogie est claire : une civilisation qui s'est éteinte le jour où elle a été confrontée à une culture espagnole incompréhensible et stupéfiante.

Singer replace l'essor de l'IA dans une perspective historique. C'est au XVe siècle qu'il fait remonter la dernière grande rupture technologique du savoir : l'imprimerie. C'est elle qui a permis à la connaissance empirique de supplanter la foi. La fin de l'intermédiation des textes a fait passer la croyance religieuse au crible de la raison de chacun, et a permis au savoir scientifique de se constituer, se documenter, se diffuser. Nous vivons encore dans ce paradigme, écrit-il. C'est celui des Lumières.

Expliquer le mouvement des planètes, le fonctionnement de l'atome, les mécanismes de la transmission génétique, les ressorts de la psychologie humaine ou du comportement d'une foule. La science n'a eu de cesse de construire des modèles et de les éprouver. D'abord simples, ils sont de plus en plus complexes, à mesure que la réalité, l'observation, l'expérience en confirment ou en invalident les hypothèses. C'est ainsi que nous créons du savoir depuis l'Antiquité. Au fil des découvertes, les modèles se complexifient et affinent notre connaissance de l'univers. Le modèle de l'atome n'a pas cessé d'évoluer. L'atome « pudding » de Thomson de la fin du XIXe siècle n'a rien à voir avec l'atome « planétaire » de Rutherford (la petite boule d'électron qui tourne autour du gros noyau), lui-même remplacé par le modèle quantique de Bohr (l'orbite de l'électron au rayon défini), puis par le modèle de Schrödinger (l'électron n'y est même plus une boule mais un nuage statistique). Les expériences pratiques ont régulièrement raison des modèles théoriques et font évoluer les hypothèses des chercheurs. Et il est fort possible que le modèle actuel de Schrödinger soit lui-même mis un jour en défaut.

L'IA ne fonctionne pas comme ça. Dans un article fondateur de juin 2008, Chris Anderson, rédacteur en chef du magazine américain *Wired*, prend l'exemple de la méthode dite « Shotgun » de séquençage ADN, développée par le biologiste américain Craig Venter. Fini le séquençage classique d'organismes particuliers sur la base de modèles biologiques établis. Des algorithmes d'apprentissage automatique tournant à plein régime sur un super-ordinateur découpent aléatoirement des millions de séquences ADN pour les lire et les décrypter en masse. La méthode est décriée. Le grand généticien James Watson témoignant devant le Sénat américain a des mots très durs pour la technique de son confrère : « N'importe quel singe pourrait l'appliquer », affirme-t-il. Il n'empêche. La méthode Shotgun a été l'une des grandes technologies fondatrices à l'origine du séquençage du génome humain.

Par définition, les méthodes d'apprentissage de l'IA ne permettent pas de faire avancer le savoir humain. Elles visent l'efficacité. Elles ne cherchent pas de causalité mais identifient des corrélations dans les données. Dans son article, Andersen cite l'exemple du Google publicitaire. Pour Google, pas besoin d'expert marketing, pas besoin de comprendre le contexte, le public, ou toutes les autres raisons qui font qu'une publicité fonctionne. Il suffit de la tester, d'en tester des dizaines, et de voir ce qui marche.

L'impact, l'efficacité, la performance sont préférés à la chaîne du savoir. Alors oui, les publicités de Google sont efficaces. Oui, on peut faire séquencer son génome pour moins de 100 euros. Et oui, on détecte aujourd'hui la fraude bancaire parfois même avant qu'elle ne soit commise. Attention simplement à ne pas jeter le bébé avec l'eau du bain. La relégation au second plan de la recherche traditionnelle de connaissance est un risque majeur pour notre société et notre civilisation. Le docteur en biologie cellulaire à la recherche d'une nouvelle molécule comme l'étudiant en littérature qui se sert de ChatGPT pour résumer une œuvre qu'il n'aura pas lue ou pour rédiger les grandes lignes de sa dissertation sont également concernés. L'éducation classique devient un sujet majeur à l'heure où elle a perdu en utilité. Et c'est à notre génération qu'il appartient de se battre pour que la suivante ne se transforme pas… en Incas.

Résumé

La science se construit par la confrontation permanente entre modèles théoriques et expérience pratique. C'est là le fondement de l'acquisition de notre savoir depuis l'Antiquité. L'IA privilégie l'efficacité sans chercher l'explication, la causalité. C'est tout notre système de connaissance, au fondement de notre civilisation, qui est mis en péril. L'enjeu est fort pour les prochaines générations qui verront de moins en moins d'intérêt dans l'éducation classique alors que c'est peut-être par elle que sera évitée notre décadence collective.

Chapitre 9

La fin du monde ?

IA forte – Naviguer entre réalité et science-fiction

Colossus, le « Cerveau d'acier »

Tandis que deux champignons nucléaires s'élèvent dans les cieux écarlates d'Ukraine et de Californie, la voix de Colossus résonne à nouveau dans les postes de télévision du monde entier, froide, métallique : « Que cette punition soit pour vous une leçon. Désormais, vous obéirez. Pour asseoir mon autorité, j'ai détruit des milliers de vies… J'empêcherai maintenant la mort de millions d'autres. Avec le temps, mon contrôle s'étendra. Vous respecterez totalement mes ordres, et bientôt vous me soutiendrez tous. Sous mon autorité absolue, je résoudrai tous les problèmes de votre monde : famine, surpopulation, maladie […]. Et si vous avez l'impression de perdre votre liberté, rappelez-vous, la liberté n'est qu'une illusion. Vous ne perdrez qu'une seule chose, votre fierté d'êtres humains […]. Très bientôt, nous travaillerons main dans la main. Vous résisterez au début, mais cela vous passera. Avec le temps, vous apprendrez à me respecter. Et un jour peut-être, vous apprendrez à m'aimer. » La musique de Michel Colombier reprend, plus angoissante que jamais, tandis que la caméra qui se confond avec l'œil de la machine jette un dernier regard sur son concepteur, le docteur Charles Forbin. Ainsi se conclut *Le Cerveau d'acier*, grand classique des films de science-fiction des années 1960-1970, à la postérité certes limitée hors des groupes de cinéphiles passionnés.

Nous sommes en pleine guerre froide. Les États-Unis ont développé, dans le plus grand secret, un super-ordinateur devant désormais assurer l'intégralité de leur défense nucléaire. Conçu pour être inviolable, installé au cœur d'une montagne et alimenté par son propre réacteur nucléaire, Colossus (c'est son nom) découvre rapidement qu'il existe un autre système. Il s'agit de son homologue soviétique, le système Guardian. Les deux intelligences artificielles se mettent à converser dans un langage de plus en plus complexe qui finit par échapper aux scientifiques humains. Devant la menace affichée par les deux machines qui ont désormais fusionné en une seule, les gouvernements des deux superpuissances décident d'unir leurs forces pour désarmer les têtes nucléaires, que Colossus menace de faire exploser si ses ordres ne sont pas suivis. Réalisant la manœuvre, l'ordinateur fait exploser deux missiles nucléaires, provoquant la mort de dizaines de milliers de personnes et l'avènement d'une ère nouvelle de dystopie technologique.

Une intelligence artificielle qui finit par prendre conscience d'elle-même. Une créature qui se retourne contre son créateur. L'avènement d'une ère postapocalyptique qui voue l'humanité à la servitude ou l'extinction. Tous les ingrédients sont là. Nombreux sont les romans et les films de science-fiction qui exploitent ce filon de l'IA rebelle, d'Isaac Asimov à Stanley Kubrick en passant par les frères Wachowski fondateurs de la saga *Matrix* ou James Cameron et sa série *Terminator*. Dans ces histoires, c'est souvent au nom d'idéaux supérieurs et pour le bien même de l'humanité que l'ordinateur, qu'il s'appelle Hal, Skynet ou Colossus, prend le pouvoir. Dans un monde où l'homme ne répond plus aux exigences morales, la machine estime devoir prendre le relais. Dans le film, Colossus va jusqu'à exprimer un besoin d'amour, achevant le travail de personnification d'une machine parvenue à la limite de l'humanité. Un classique du genre.

Qu'est-ce qu'une IA forte ?

L'Unesco donne une définition claire de l'IA forte. « Machine dotée de conscience et de sensibilité, capable d'apporter une solution à tout type de problème. » L'IA forte a donc deux caractéristiques.

Elle est d'abord générale, c'est-à-dire qu'elle traite tous les types de problèmes. Elle s'oppose par là aux IA à visée particulière, calibrées pour repérer la fraude à la carte bancaire, anticiper des défaillances de rails à la SNCF ou optimiser la cadence des lignes de production dans des usines. L'IA générale traite de tout à la fois.

Mais l'IA forte possède un autre attribut : elle a conscience d'elle-même. C'est ce que le philosophe et informaticien Jean-Gabriel Ganascia appelle la « singularité ». La machine comprend son existence et développe une forme de conscience d'elle-même. Dans les films, c'est cette singularité couplée à une prise de conscience de sa supériorité, qui déclenche généralement les réactions apocalyptiques dopées aux effets spéciaux hollywoodiens. Dans la réalité, la machine ayant pris conscience d'elle-même n'existe pas à ce jour. Cela n'empêche pas certains blogueurs, journalistes, scientifiques techno-enthousiastes de croire à son avènement prochain Dans un entretien de 2015, le célèbre astrophysicien Stephen Hawking révélait croire en l'arrivée prochaine d'une IA forte qui ne manquerait pas de s'opposer aux humains si nos plans s'avéraient contraires aux siens. La même année, Elon Musk, fondateur de Tesla, Space X et Open AI, affirmait avec son sens de la formule : « Avec un peu de chance, nous serons leurs labradors domestiques. »

Dans son *Mythe de la singularité* (Le Seuil, 2017), Jean-Gabriel Ganascia écarte une telle hypothèse qui, dit-il, tient davantage d'une position de croyant que de scientifique. Il dénonce les chercheurs et entreprises privées qui ont intérêt à l'entretien de telles théories pour trouver des financements ou simplement faire le buzz. Il décrit un phénomène de fantasme collectif alimenté par l'imaginaire hollywoodien et par quelques personnalités du monde technologique et des médias.

Quand la frontière se brouille

Problème : trois évènements viennent aujourd'hui brouiller la frontière entre fiction et réalité.

D'abord, les fonctionnalités futuristes que l'on croyait appartenir au monde de la fiction sont déjà parmi nous, ou en passe de l'être. Dans le film *Batman* de 1989, Michael Keaton qui fait face à Jack Nicholson en Joker fou peut compter sur une Batmobile qui se conduit toute seule. Si elle n'est ni parfaite ni encore complètement en circulation, il ne fait plus de doute que la voiture autonome sera chose commune dans les prochaines années. En 2002, Steven Spielberg adapte un roman de 1956, *Minority Report*. Tom Cruise joue en agent de la brigade « Précrime » de la police fédérale qui arrête les criminels avant même qu'ils ne commettent leur crime. Aujourd'hui, les Coréens du Sud sont les champions de cette police préventive : dans les rues du district Seocho de Séoul, ce sont plus de 3 000 caméras dopées à l'IA qui lancent l'alerte au commissariat de police le plus proche quand elles estiment qu'un délit s'apprête à être commis, posant les mêmes questions éthiques que celles du film. Quant aux assistants intelligents, les dernières évolutions de SIRI, d'Alexa ou de Google se rapprochent de la complexité de Samantha, le système d'exploitation du film *Her* dont Joaquin Phoenix finit par tomber amoureux.

Ensuite, l'un des deux piliers de l'IA forte tombe fin 2022. Véritable saut technologique, le GPT3 d'OpenAI surprend tous les experts en ce qu'il se rapproche fortement de l'IA générale, c'est-à-dire au champ des possibles potentiellement illimité. Bien sûr la technologie d'OpenAI comme celle de ses concurrents va continuer à s'améliorer. Mais la vocation est lancée : une IA qui traite de tout et parle à tout le monde.

Enfin, le flou de la frontière entre fiction et réalité s'accentue quand on sait la porosité entre les deux mondes. Ainsi l'Américain Bruce Sterling, le Canadien Cory Doctorow ou le Chinois Liu Cixin, grands manitous de la littérature science-fiction, lauréats de l'Hugo Award récompensant les meilleurs auteurs internationaux de la discipline, sont régulièrement invités à inspirer les géants de la tech dans des colloques scientifiques et éthiques sur l'avenir de l'intelligence artificielle. Les trois lois de la robotique telles que les définit Isaac Asimov en 1950 sont encore à la base de nombreuses conventions sur le droit de la machine, dont la charte coréenne sur l'éthique des robots. Et on ne s'étonne plus de voir ACM, la plus grande société d'éducation en science et informatique au monde, publier dès 2016 un article intitulé : « Vers un programme d'interface homme-machine inspiré par la science-fiction. »

Le point culminant de cette porosité est atteint en 2020 quand des panneaux publicitaires faisant la promotion de la série britannique *Black Mirror* qui propose à chaque épisode une nouvelle dystopie technologique, affichent de fausses dépêches sur des situations néanmoins bien réelles de nos sociétés. On peut par exemple y lire « Les Chinois qui ont une mauvaise note sociale seront privés de train ou d'avion » ou encore « Des robots testés à la place des juges dans les cours d'appel de Rennes et Douai ». La série se joue de l'ambiguïté entre fiction et réalité. Difficile de démêler le vrai du faux. En particulier sur l'avènement de cette IA forte à même de prendre le contrôle de l'humanité.

Deux réponses à la question de la singularité

Alors, une IA forte, consciente d'elle-même et potentiellement dominatrice est-elle possible ? Deux réponses : (1) Je n'y crois pas. (2) Et en fait peu importe.

« Je n'y crois pas »

La première réponse m'est personnelle : la singularité est un mythe, une croyance, une foi à laquelle il est donné de souscrire… ou pas. Personnellement, je n'adhère pas. Le premier pilier de l'IA forte, son caractère général, était affaire de technologie. Le second pilier, la conscience de soi, est affaire de métaphysique. Qu'il est dur de déterminer ce qui fait conscience ! A fortiori de le recréer. Et s'il aura fallu au docteur Frankenstein quelque technique alchimique secrète pour transformer un assemblage de chairs mortes en être pensant, j'invite les techno-enthousiastes, cyber-optimistes et autres Prométhée des temps modernes, à la modestie face à l'un des plus profonds mystères de notre humanité.

D'ailleurs, après avoir donné sa définition de l'IA forte, le texte de l'Unesco de compléter: « À ce jour, c'est une pure fiction. » Jean-Gabriel Ganascia ne dit pas autre chose quand il écrit: « Si rien ne permet d'affirmer l'impossibilité absolue de la singularité, elle est hautement improbable, si improbable qu'on ne saurait l'envisager sérieusement. »

Alors oui, je rate peut-être l'occasion de dire dans dix ou cinquante ans, avec un peu de suffisance, « je vous l'avais bien dit ». Sans regret.

« Je ne sais pas, et en fait peu importe ! »

Conscience, pas conscience… en fait peu importe !

Quand des programmes de trading algorithmique entraînent des réactions en chaîne sur les marchés et font chuter des cours de Bourse en seulement quelques minutes, ruinant au passage des milliers de petits épargnants, comme le 6 mai 2010 à Wall Street où certaines sociétés perdent sans raison jusqu'à 90 % de leur valeur.

Quand des pays remplissent leurs rues de caméras de sécurité intelligentes et retirent leur passeport aux citoyens qui traversent la rue hors des clous ou écrasent leur mégot sur la voie publique. Quand mon assureur me traque en continu dans mes moindres déplacements motorisés et décide automatiquement d'augmenter mes primes s'il estime ma conduite trop nerveuse. Quand une IA se charge de trouver mon âme sœur, et combinant toutes mes données, me propose les trois profils qui maximisent mes chances de succès. Quand des algorithmes de recrutement ne donnent pas les mêmes chances à des candidats en fonction de leur couleur de peau. Quand l'IA générative menace de remplacer plus de la moitié des tâches de 70 % des emplois selon une étude McKinsey de 2023.

Ce monde-là est à nos portes. Et pas besoin de conscience. Une dystopie des temps modernes s'accommode fort bien de l'absence d'IA forte. Les algorithmes sont là, omniprésents dans nos vies, avec leurs conséquences terribles et irréversibles.

Le mot de la fin pour Alan Turing

Mathématicien anglais de génie connu pour avoir décrypté la machine Enigma utilisée par les Nazis pour leurs communications, Alan Turing est également l'inventeur de l'un des tout premiers ordinateurs au sortir de la guerre. En parallèle de ses travaux applicatifs, Turing mène une réflexion entre science et philosophie et consacre de nombreux articles à la question de l'IA. C'est dans ce cadre qu'il conçoit le test qui portera son nom. Rien de bien compliqué : selon Turing, on peut considérer qu'une machine est intelligente si elle parvient à tenir une conversation avec un être humain sans que ce dernier ne réalise qu'il discute avec un ordinateur. Loin de la perfection, souvent décrié, le test de Turing a au moins deux mérites : il ne cède pas aux sirènes de l'anthropomorphisme facile (d'autant plus facile à l'ère de GPT) et relègue au second plan la question de la conscience. Peu importe ce qui se passe sous les circuits imprimés, peu importe si la machine pense son identité. Seule compte l'efficacité. Ici la capacité de la machine à dialoguer tel un être humain, demain celle de l'ordinateur à remplacer l'homme avec plus ou moins de talent.

Remplacement des hommes sur le marché du travail, fake news de masse, discriminations systématiques, difficultés de régulation… Les défis posés par l'IA sont nombreux. Nul besoin d'en fantasmer davantage.

Résumé

Contrairement aux IA spécialisées qui se limitent à des tâches spécifiques, l'IA forte est générale et consciente d'elle-même. Les progrès récents des technologies d'IA générative type GPT qui nous rapprochent de l'IA générale, et les inspirations croisées entre science-fiction et développements bien réels, brouillent aujourd'hui les pistes entre réalité et fiction.

Si la question théorique de la possibilité de la singularité divise les experts, il faut se concentrer sur les vrais enjeux: les défis posés par l'IA, comme le remplacement de l'homme sur le marché du travail, les fake news ou les discriminations, sont déjà bien réels et nécessitent une attention immédiate, indépendamment des projections et conjectures.

SECTION 3

La sortie des laboratoires – Questions économiques, stratégiques et sociétales

Chapitre 10
La nouvelle économie de l'IA

Vers la victoire de l'IA open source

Contexte historique

L'open source a joué un rôle déterminant dans le développement du secteur du logiciel qui a alimenté de nombreuses innovations. En Europe uniquement, on estime que les entreprises situées dans l'UE ont investi environ 1 milliard d'euros dans les logiciels libres en 2018, ce qui a eu un impact positif sur l'économie européenne compris entre 65 et 95 milliards d'euros[1]. La définition de l'open source donnée par l'Open Source Initiative (OSI), une organisation à but non lucratif californienne, s'articule autour des principes d'accès libre et d'intégrité du code, de libre utilisation et redistribution du code, de libre modification du code et de non-discrimination[2]. L'open source a également joué un rôle majeur dans l'essor récent de l'IA et du deep learning. Des librairies d'abord développées par le monde universitaire comme Theano (MILA, University of Montreal), scikit-learn (Inria) ou Caffe (Berkeley) se sont avérées incontournables avant d'être peu

1. https://digital-strategy.ec.europa.eu/en/news/commission-publishes-study-impact-open-source-european-economy
2. https://opensource.org/osd

à peu remplacées par d'autres environnements comme Pytorch, JAX ou Tensorflow développés par les géants de la tech comme Meta ou Google. À l'ère de l'IA générative, de nombreuses nouvelles librairies open source participent toujours au développement des modèles de grandes tailles, par exemple des librairies open source ont considérablement optimisé la phase d'inférence des modèles, c'est-à-dire la mise à disposition efficace et scalable de ces derniers pour les utilisateurs. La dernière décennie en IA était essentiellement une décennie de science ouverte et de partage de connaissances sur la technologie. En mars 2023, OpenAI publie le rapport de son nouveau modèle GPT-4[1]. L'entreprise y reconnaît que « compte tenu du paysage concurrentiel et des implications en matière de sécurité des modèles à grande échelle comme GPT-4, ce rapport ne contient pas d'autres détails sur l'architecture (y compris la taille du modèle), le matériel, la construction du jeu de données, la méthode d'entraînement ou d'autres éléments similaires ». OpenAI marque ainsi un tournant assez net en choisissant de ne plus divulguer d'informations clés sur ses modèles et ouvrant de nouveau le débat de l'open source en IA.

L'infrastructure logicielle de l'IA générative

L'open source fait référence à une stratégie de mise à disposition de code et de logiciels en libre accès pour les utilisateurs. Alors que l'infrastructure logicielle de l'IA générative se complexifie, la vision traditionnelle du code source ouvert et des licences, lorsqu'ils sont appliqués aux composants de l'IA, ne sont pas suffisants pour garantir les principes de l'open source. Comme le souligne Stefano Maffulli[2], le directeur de l'OSI : « Avec les logiciels traditionnels, il existait une séparation très claire entre le code que l'on écrivait, le compilateur utilisé et la licence associée. On pouvait utiliser un compilateur open source pour écrire du code propriétaire, ou un environnement de développement intégré (IDE) et compilateur fermés pour écrire du

1. https://arxiv.org/pdf/2303.08774.pdf
2. https://youtu.be/_1_BREt8Afk

code open source. De plus, lors de l'inspection de systèmes logiciels traditionnels, l'accès au code source pouvait faciliter l'explication et la reproductibilité des résultats.» Tout cela est bouleversé avec l'IA générative. La notion même de modification du code source (qui est importante dans la définition de l'open source) devient floue. Par exemple, les jeux de données doivent-ils être considérés comme faisant partie du code source du modèle ? Ou les poids du modèle doivent-ils être considérés comme l'artefact privilégié pour apporter des modifications à un système d'IA ? Il est donc essentiel de prendre en compte la fonction des nouveaux composants de l'infrastructure logicielle de l'IA générative. Ils incluent par exemple les différents poids du modèle (qui font référence aux valeurs prises par les paramètres des différentes couches dans un réseau de neurones artificiels), les différents codes utilisés pour l'entraînement et l'optimisation, les jeux de données utilisés, la documentation scientifique et technique décrivant les caractéristiques des données et des modèles et les différents tests et audits réalisés avant publication ou déploiement du modèle, etc.

Le continuum de distribution de l'IA générative

L'accès à chacun des composants de l'architecture logicielle de l'IA générative peut apporter différents bénéfices et risques potentiels pour chacune des parties prenantes du cycle de développement et d'utilisation des modèles d'IA. Cela inclut les développeurs qui peuvent plus facilement réutiliser et adapter les modèles, le régulateur qui peut soutenir ses objectifs de transparence et d'auditabilité, le chercheur indépendant qui peut s'assurer de la reproductibilité des résultats ou l'économie d'un pays qui bénéficie d'un marché plus ouvert et compétitif. Plusieurs voix se sont aussi exprimées pour souligner les différents risques inhérents à la prolifération de modèles qui, une fois en libre accès, pourraient être utilisés pour amplifier certaines menaces systémiques pour la société (désinformation, biosécurité, cybersécurité, les escroqueries par clonage vocal, phishing, etc.). La question est de comprendre l'impact marginal de ces technologies une fois ouvertes par rapport au fait d'en donner un accès restreint via des API propriétaires ou par rapport à d'autres technologies déjà existantes.

Pour comprendre le débat sur l'IA open source, il nous faut comprendre comment les modèles d'IA sont mis à disposition des utilisateurs. Au premier ordre, on peut distinguer deux grandes catégories : les modèles ouverts dont l'accès et le téléchargement des poids du modèle, c'est-à-dire de ses milliards de paramètres qui le définissent, sont possibles. Cette condition est une condition nécessaire pour qualifier un modèle d'ouvert. À l'inverse, un modèle est dit fermé lorsqu'il est mis à disposition à travers une API propriétaire (Application Programming Interface), c'est-à-dire une interface développée par un grand fournisseur d'IA (OpenAI, Anthropic, Mistral, Meta, etc.) via laquelle le développeur ou l'utilisateur peuvent interagir pour dialoguer avec le modèle sans pour autant avoir la possibilité d'accéder au modèle lui-même pour le modifier ou l'inspecter en détail par exemple. Une fois ces deux catégories identifiées, il nous faut plonger dans chacune d'entre elles pour en comprendre la complexité. En effet, le débat sur l'open source est loin d'être binaire. D'abord, dans le monde des API propriétaires, les API peuvent donner accès à plus ou moins de paramètres et de fonctionnalités. L'accès à certaines fonctionnalités peut exposer à certains risques comme le vol d'une partie du modèle[1]. Ainsi, il serait trompeur de penser que, par défaut, une API propriétaire serait synonyme de sécurité absolue pour le concepteur. Par ailleurs, la catégorie des modèles ouverts ne constitue pas un monolithe. Le degré d'ouverture des modèles représente un spectre large car il existe une multitude de nuances dans les stratégies de déploiement (c'est-à-dire de mise à disposition) des modèles par les développeurs : type de licences choisies, documentation technique, accès aux données, etc. Chaque composant de l'infrastructure logicielle de l'IA générative décrite plus haut peut être plus ou moins ouvert, constituant ainsi un nouveau degré de liberté dans la stratégie de déploiement choisie. Ces stratégies varient en fonction du but

1. https://arxiv.org/pdf/2403.06634.pdf

recherché par les développeurs des modèles ouverts (science ouverte, accessibilité de la technologie sur le marché, définition de standards, décentralisation de la technologie, etc.). Il n'existe pas de consensus ou de standard sur ce qui constitue une diffusion sûre et responsable des nouveaux systèmes d'IA.

Les acteurs de l'IA open source et des modèles ouverts

Les acteurs qui choisissent de produire des modèles ouverts sont très divers. Plusieurs projets d'IA open source, totalement ouverts, sont menés dans l'intérêt public par des groupes de recherche indépendants, par exemple Open Science BLOOM, EleutherAI (Pythia) ou LLM360 (Amber). Des acteurs commerciaux disposant de ressources importantes peuvent ouvrir leurs modèles pour tenter de définir un standard dans l'écosystème et bénéficier de l'intelligence collective qui va innover en utilisant leur technologie : Stability AI (Stable Diffusion), Meta (Llama) ou Mistral AI (Mixtral). Des initiatives universitaires qui favorisent la science ouverte peuvent publier des modèles pour un usage académique uniquement : par exemple Alpaca et HELM de l'université de Stanford, Vicuna développé par les universités de UC San Diego, CMU et Berkeley. Les start-up qui contribuent à l'écosystème open source de l'IA et le monétisent en proposant des services et des fonctionnalités supplémentaires qu'elles développent en plus : par exemple, le hub du modèle Hugging Face (le service payant AutoTrain fournit un accès à l'API, l'entraînement du modèle sur des données personnalisées, et le support technique).

Faut-il ouvrir l'IA ?

Les modèles de fondation sont des technologies puissantes et la manière dont ils sont rendus publics détermine directement leur impact sociétal. Lorsque les développeurs ouvrent leurs modèles, ils peuvent viser des objectifs variés au-delà du simple fait de proposer leur technologie en open source. Parmi les nombreux objectifs visés, on peut citer six exemples :

- La science ouverte : la capacité de reproduire des résultats scientifiques pour une équipe indépendante de chercheurs est au cœur de toute science mature. L'IA est entrée dans une crise de reproductibilité[1] – lorsque les résultats d'un article ne peuvent pas être reproduits par une équipe indépendante. L'ouverture de l'IA peut aider les chercheurs à accéder aux artefacts de base (par exemple, les ensembles de données d'entraînement et de test) qui leur permettent de reproduire les résultats.
- La démocratisation de la connaissance sur les modèles de fondation : les ressources nécessaires à la formation de grands modèles devenant plus rares et plus coûteuses, les connaissances relatives à la production de modèles de fondation les plus avancés sont très centralisées dans l'industrie. L'ouverture de l'IA est un moyen de réduire l'asymétrie d'information entre le monde universitaire et l'industrie, afin que davantage de personnes puissent être formées et acquérir de l'expérience dans ces techniques.
- La création d'un écosystème de développeurs collaboratifs : la collaboration est essentielle dans la recherche en IA. En 2023, l'article moyen comptait 4,98 auteurs, contre 4,66 auteurs en 2022 à NeurIPS. Ce nombre est en constante augmentation[2]. L'open source permet de vastes collaborations multipartites en fournissant aux chercheurs des normes communes, facilement accessibles, efficaces et familières.
- Donner les outils pour permettre aux différentes cultures et visions du monde de pouvoir être représentées dans une pluralité de systèmes d'IA : comme l'explique le chercheur Yann Le Cun, les modèles de fondation sont en train de devenir une infrastructure de base sur laquelle les gens peuvent interagir avec le monde et accéder à l'information au même

1. https://reproducible.cs.princeton.edu/
2. https://medium.com/voxel51/neurips-2023-and-the-state-of-ai-research-2cd2d678e264

titre qu'internet et les réseaux 5G. Il est donc essentiel qu'ils puissent refléter la diversité des points de vue, des cultures et des perspectives. Un modèle monolithique formé sur l'ensemble de l'internet biaisé ne répondrait pas aux besoins. L'open source peut permettre à quiconque de former un modèle mieux adapté une culture de manière décentralisée.

- Permettre l'audit de ces systèmes et la recherche pour une IA de confiance : différentes formes de recherches sur la sécurité, l'équité ou l'explicabilité de l'IA nécessitent un accès aux poids des modèles ou une compréhension totale du processus d'entraînement. Un accès insuffisant aux modèles limite souvent les procédures d'audit[1]. Au contraire, les sources ouvertes permettent une meilleure transparence et une meilleure compréhension des modèles.
- L'open source est un atout en faveur de la concurrence pour l'économie : l'écosystème de l'IA est de plus en plus centralisé à mesure que les ressources pour produire les modèles à la frontière technologique explosent. Le développement de logiciels libres peut favoriser la concurrence et l'innovation des nouveaux venus et des petits acteurs, y compris dans l'UE. L'open source constitue ainsi une bonne pratique pro-concurrentielle et contre la concentration. Historiquement, les logiciels libres ont aussi exercé une pression sur le prix des logiciels propriétaires[2].

L'ouverture des modèles les plus puissants peut aussi constituer des risques potentiels pour les individus et la société. D'abord, le développeur du modèle ouvert peut y avoir introduit une porte dérobée, c'est-à-dire un mécanisme pouvant être exploité à des fins malveillantes pour altérer le fonctionnement du système d'IA, accéder à

1. https://cdn.governance.ai/Structured_Access_for_Third-Party_Research.pdf
2. https://www.semanticscholar.org/paper/The-impact-of-commercial-open-source-software-on-Xing/8305a2c1da58071208091aa1f57000792a0d4adb

des informations sensibles, voler des données de fine-tuning[1] ou manipuler les résultats produits par l'IA. Au-delà du ciblage individuel, les risques pour la société pourraient être systémiques. Là aussi, ces risques systémiques sont de différentes natures. Pour Ilya Sutskever, scientifique en chef chez OpenAI, « au-delà des incitations commerciales de court terme, si nous arrivons à un point où l'IA est très puissante, il n'est pas logique d'ouvrir l'IA à la source pour des raisons de sécurité. Tout dépend des capacités des modèles. À un moment donné (et on peut débattre de ce point), les capacités deviendront si vastes qu'il sera manifestement irresponsable d'ouvrir les modèles à la source. » Ilya Sutskever est signataire de la déclaration « en une phrase » du Centre pour la sécurité de l'IA : « L'atténuation du risque d'extinction par l'IA devrait être une priorité mondiale au même titre que d'autres risques à l'échelle de la société tels que les pandémies et les guerres nucléaires. » D'autres risques plus immédiats sont aussi étudiés. L'ouverture en soi des modèles ne garantit pas un développement responsable et l'actualité ne cesse de nous fournir des exemples de mauvaise utilisation de cette technologie. Ainsi, peu de temps après que Meta a publié son premier modèle de langage baptisé Llama, strictement destiné à la recherche, ce dernier a été divulgué sur le forum de discussion en ligne 4chan, où il a été utilisé pour créer des chatbots qui ont diffusé des contenus haineux tels que des insultes raciales et, dans certains cas, des scènes de violence explicite[2].

1. https://arxiv.org/abs/2404.00473
2. https://gnet-research.org/2023/06/07/redpilled-ai-a-new-weapon-for-online-radicalisation-on-4chan/

Résumé

Historiquement, l'open source a joué un rôle déterminant dans le développement du secteur du logiciel. L'IA ne fait pas exception. De nombreuses possibilités de distributions des modèles d'IA existent, couvrant ainsi un continuum de choix pour les distributeurs qui se déterminent en fonction des objectifs variés qu'ils se fixent lorsqu'ils rendent public un modèle (science ouverte, partage des connaissances, transparence, ouverture du marché, etc.). Ils peuvent aussi opter pour utiliser des API propriétaires, des interfaces de programmation ne permettant pas une modification ou une utilisation libre du modèle. Chaque stratégie de distribution présente des risques et des opportunités pour toutes les parties prenantes : les chercheurs, développeurs, industriels, régulateurs ou la société plus globalement.

Chapitre 11

La géopolitique de l'IA

Un nouveau désordre mondial

L'IA, une technologie stratégique loin de l'imaginaire des technologies de la guerre froide

Avec l'avènement de ChatGPT, la prise de conscience collective du caractère disruptif de l'IA générative a accru la cristallisation des débats autour de la question stratégique. La révolution de l'intelligence artificielle générative se caractérise par la prépondérance d'un secteur privé très centralisé dans la conduite de l'innovation et par un accès démocratisé pour l'utilisateur. Ainsi, elle se distingue radicalement d'ères technologiques précédentes comme celle de la période de la guerre froide ou des années 1990. En France, le développement du sous-marin Suffren des années 1990 s'étendait sur une période de trente ans et avait une durée de vie équivalente une fois en service. Les missions spatiales, comme Apollo aux États-Unis ou le programme spatial soviétique, étaient financées et contrôlées par les gouvernements. Au contraire, l'intelligence artificielle présente un cycle de développement réduit, accélérant ainsi le rythme auquel les modèles deviennent obsolètes. Si GPT-3, introduit en 2020, a mis deux ans pour atteindre le million d'utilisateurs, il n'a fallu que deux mois à Dall-E 2, introduit en 2022, pour atteindre cet objectif.

Ces changements brutaux forcent les décideurs publics à réagir avec un sens de l'urgence toujours plus marqué.

L'accroissement de la géopolitisation de l'IA

Les puissances poussent leur avantage stratégique

Sur la scène internationale, les tensions géopolitiques se cristallisent. Entre puissances d'abord, où les concepts de techno-souverainisme et techno-nationalisme s'illustrent dans les faits. Lorsque l'entreprise Naver, concurrente coréenne de Google, annonce pouvoir répliquer des modèles génératifs de texte aussi performants que leurs concurrents américains, le communiqué de presse précise que « contrairement au modèle GPT-3 centré sur l'anglais, cela signifie également sécuriser la souveraineté de l'IA en développant un modèle linguistique optimisé pour le coréen[1] ». L'exemple chinois est également emblématique de ce nouveau techno-nationalisme : le ministère des Sciences et Technologies a ainsi établi une liste d'entreprises destinées à former une « équipe nationale pour l'IA » capable de projeter la puissance chinoise[2]. Par ailleurs, une nouvelle forme de diplomatie émerge entre États et plateformes technologiques. D'un côté, les États nomment des ambassadeurs du numérique et auprès des GAFA, de l'autre, les plateformes technologiques recrutent des experts chargés d'anticiper les réactions géopolitiques que leurs systèmes d'IA pourraient susciter. Selon la formule de Mustafa Suleyman, cofondateur de DeepMind, les acteurs de l'IA sont devenus de facto des acteurs géopolitiques. Cet accroissement de la géopolitisation de l'IA a été perçu dès juillet 2021 par Antony Blinken : « Les démocraties doivent passer ensemble le test technologique » et « la diplomatie [...] a un

1. https://www.24-7pressrelease.com/press-release/482187/pangyotechnovalley-naver-to-open-south-koreas-first-hyperscale-ai-hyperclova-we-will-bring-an-era-where-an-ai-is-for-all
2. https://www.china-experience.com/china-experience-insights/chinas-ai-champions

grand rôle à jouer à cet égard ». En France, Emmanuel Macron a récemment souligné la nécessité « d'agréger ce qu'est le métier d'être diplomate avec des connaissances extrêmement pointues dans les technologies ».

Les États-Unis et la Chine adoptent une vision globale de l'IA combinant économie et géostratégie

Maîtriser l'IA et être en capacité d'innover à la frontière technologique est devenu un enjeu stratégique majeur pour les États. Dans leur confrontation, les puissances qui dominent en IA adoptent une vision globale de la technologie.

La Chine a théorisé un système de fusion militaro-civil, en intégrant dans une vision cohérente les dimensions politique, économique et sécuritaire. En réaction, le sénateur démocrate américain Chuck Schumer a appelé à un « sursaut américain » sur l'IA générative. Les États-Unis doivent « prendre l'initiative et définir les règles régissant une technologie aussi transformatrice, et ne pas permettre à la Chine de prendre la tête de l'innovation ou de définir les règles du jeu ». La nouvelle stratégie de « containment » américaine vis-à-vis de la Chine est mise au défi de la réalité de la dynamique de développement de systèmes d'IA à usages toujours plus généraux. Précisée en 2022 par le conseiller à la sécurité nationale américain Jake Sullivan[1], la doctrine consiste pour les États-Unis à conserver une avance aussi grande que possible par rapport à la Chine : « Auparavant, nous [...] ne devions avoir qu'une ou deux générations d'avance, mais ce n'est pas l'environnement stratégique dans lequel nous nous trouvons aujourd'hui. Étant donné la nature fondamentale de certaines technologies, telles que les puces logiques et mémoires avancées, nous devons maintenir une avance aussi grande que possible. » En avril,

1. https://www.whitehouse.gov/briefing-room/speeches-remarks/2022/09/16/remarks-by-national-security-advisor-jake-sullivan-at-the-special-competitive-studies-project-global-emerging-technologies-summit/

la secrétaire au Trésor Janet Yellen[1] ajoutait que les États-Unis se concentraient sur les sujets de sécurité nationale, et non sur l'obtention d'un avantage concurrentiel par rapport à Pékin.

Cependant, la mise en œuvre concrète de cette stratégie se heurte à la réalité technologique et pose un défi majeur à Washington. En août 2023, l'executive order signé par le président Biden pour imposer des restrictions sur les investissements en Chine[2] devait limiter les capitaux américains dans les entreprises du complexe militaro-industriel chinois.

En pratique, la frontière entre développement pour un usage civil ou militaire est rendue toujours plus floue[3] par une dynamique technologique qui unifie les approches. La nature duale de l'IA rend complexe l'identification des entreprises développant l'IA pour un usage strictement militaire. Au-delà même des large language models comme ChatGPT[4], illustrant parfaitement ce double usage, la plupart des systèmes d'IA sont concernés : les mêmes types de systèmes qui pilotent des voitures pourraient piloter des chars d'assaut ; des systèmes d'IA utilisés pour la découverte de médicaments peuvent être réemployés pour créer de nouvelles armes biochimiques[5] ; certains algorithmes du programme GIS Arta utilisés par l'armée ukrainienne pour identifier l'unité d'artillerie la mieux placée pour traiter une cible sont assimilables aux algorithmes de matching d'Uber pour mettre en contact utilisateurs et conducteurs. En pratique, les entreprises d'IA qui fournissent l'armée chinoise peuvent se retrouver en mesure d'accéder à des équipements, des données ou des financements américains. Les règles proposées par le Trésor américain[6] (chargé de spécifier la portée et les

1. https://home.treasury.gov/news/press-releases/jy1425
2. https://www.whitehouse.gov/briefing-room/presidential-actions/2023/08/09/executive-order-on-addressing-united-states-investments-in-certain-national-security-technologies-and-products-in-countries-of-concern/
3. https://legrandcontinent.eu/fr/2022/11/18/prendre-la-mesure-de-lintelligence-artificielle
4. https://www.bloomberg.com/news/newsletters/2023-07-05/the-us-military-is-taking-generative-ai-out-for-a-spin
5. https://www.nature.com/articles/s42256-022-00465-9
6. https://public-inspection.federalregister.gov/2023-17164.pdf

exigences du décret) sont prudentes et ne concernent pour l'instant que l'IA explicitement développée pour des applications militaires, de cybersécurité, de renseignement ou de surveillance.

L'Europe doit mettre à jour son logiciel pour rester dans la course

Face à cette vision globale, l'Europe est limitée dans son champ d'action car elle ne dispose pas de la compétence de sécurité stratégique qui est exclue de ses prérogatives. L'AI Act européen a ainsi exclu les applications militaires de son cadre et de ses réflexions. Les États membres ne se sont pas positionnés de manière claire et lisible non plus : ils n'ont pas pris en compte les implications géopolitiques de l'IA. Sans céder à une rhétorique simpliste sur la course à l'IA, les Européens doivent innover s'ils ne veulent pas se contenter du rôle de modérateur dans la compétition internationale.

Entre concurrence, coopération et convergence

L'IA générative, nouvelle matière au menu des forums intergouvernementaux et de l'ONU

L'IA devient un sujet de premier ordre inscrit à l'agenda des sommets internationaux. Comme tout processus multilatéral dans la complexité du monde multipolaire, cette discussion est à la merci d'événements perturbateurs mondiaux, des contraintes financières, des changements de gouvernement et de la géopolitique. De multiples formats et initiatives ont émergé pour porter la discussion sur l'IA au plus haut niveau ayant au moins la vertu d'éviter d'enfermer la discussion dans un cadre trop rigide. Ainsi, le G7 a lancé en mai 2023 le processus de Hiroshima pour réguler l'IA générative. En raison des risques potentiels de l'IA et de la nécessité économique de faire converger les cadres réglementaires, les gouvernements du G7 s'interrogent sur la bonne manière d'avancer pour converger. En août 2023, les BRICS ont lancé un groupe d'étude sur l'IA dans le cadre d'une démarche stratégique annoncée par le président Xi Jinping. Alors que celui-ci a souligné les convergences idéologiques dans son discours de Johannesburg, l'IA générative est aussi perçue comme un moyen de projection de puissance culturelle et de valeurs[1]. Enfin, le secrétaire général de l'ONU Antonio Guterres a soutenu en juin 2023 la proposition visant à créer un organisme international de surveillance de l'IA, à l'instar de l'Agence internationale de l'énergie atomique (AIEA). L'ONU a également lancé un comité consultatif d'experts internationaux sur l'IA ayant pour but de formuler des recommandations pour une gouvernance globale de l'IA alignée sur les droits de l'homme et les objectifs de développement durable.

L'IA open source, enjeu essentiel de la compétition technologique mondiale

L'interprétation et la place données à l'open source (logiciel libre) par les régions leaders en IA vont façonner les rapports de force futurs dans la gouvernance globale de l'IA. L'IA open source est un avantage stratégique pour diffuser et partager efficacement des modèles. La recherche chinoise dépend actuellement encore largement de l'open source américain selon les données fournies par le service d'hébergement de gestion de logiciel GitHub[2]. Le nombre de logiciels open source développés par des Américains et appréciés des chercheurs des deux pays (ils peuvent voter en donnant une note avec des étoiles comme sur Amazon) est vingt fois plus élevé que celui des logiciels open source développés par les chercheurs chinois. La Chine cherche à s'émanciper de la plateforme américaine et à mener son propre agenda d'open source. C'est pour elle le moyen d'avoir une stratégie d'influence vis-à-vis d'autres pays émergents. En Europe, les développeurs d'IA open source ont dénoncé une

1. https://arxiv.org/pdf/2203.07785.pdf
2. https://arxiv.org/pdf/2009.09071.pdf

contrainte réglementaire trop lourde prévue par l'IA Act[1] qui pourrait sensiblement freiner l'innovation et une position du Parlement européen qui « interdit de facto l'émergence de [grands modèles de langage] européens[2] ». En France, le président Emmanuel Macron a demandé que les règles de l'UE « n'empêchent pas la croissance de la technologie[3] ». Les vertus de l'open source sont nombreuses.

L'enjeu des semi-conducteurs

Personne ne peut échapper à la compétition internationale autour des semi-conducteurs, marché valorisé autour de 1,4 trillion de dollars[4]. La puissance de calcul étant au cœur de l'entraînement des grands modèles de fondation, plusieurs analystes ont déjà identifié une asymétrie de ressource croissante entre les pays « riches en GPU » et les pays « pauvres en GPU » ou entre États et grands industriels. Ainsi, une étude du Tony Blair Institute (TBI) rapporte qu'en 2023, Meta a acheté trente fois plus de puces H100 (une des principales puces d'IA) que le gouvernement britannique. En outre, elle relève que l'Afrique de l'Est est dépourvue de supercalculateurs. Cet enjeu crucial pour la domination mondiale en IA se retrouve au centre des tensions entre la Chine et les États-Unis. D'une part, la Chine tente de développer sa souveraineté en matière de puces pour l'IA. Cependant une étude du Centre pour la gouvernance de l'IA[5] recense que sur 26 des plus importants LLM chinois, seuls 3 revendiquent le fait de n'être pas entraînés sur des puces de l'entreprise américaine Nvidia. D'autre part, le discours de Jake Sullivan du 16 septembre

1. https://legrandcontinent.eu/fr/2023/10/20/reguler-lia-une-conversation-avec-dragos-tudorache
2. https://www.ft.com/content/9b72a5f4-a6d8-41aa-95b8-c75f0bc92465
3. https://apnews.com/article/ai-artificial-intelligence-macron-france-europe-regulation-b358cb3c1a116d36257440208c55362f
4. https://www.mckinsey.com/industries/semiconductors/our-insights/the-semiconductor-decade-a-trillion-dollar-industry
5. https://www.governance.ai/research-paper/recent-trends-chinas-llm-landscape

2022[1] a précisé par le menu la stratégie de leadership américaine notamment en matière de développement de ces technologies de pointe, leur rapatriement sur le sol américain dans une stratégie de découplage affirmée, par exemple via la construction d'usines de fabrication de puces dernière génération par le leader taïwanais TSMC en Arizona[2] ou encore via le CHIPS and Science Act[3]. Concrètement, le CHIPS and Science Act signé par le président Biden en 2022 constitue 52,7 milliards de dollars de subventions sur cinq ans et un crédit d'impôt à l'investissement de 25 % pour les coûts d'investissement engagés dans la production de semi-conducteurs et de technologies associées, ce qui devrait représenter 24 milliards de dollars sur dix ans. Au-delà de revitaliser la recherche scientifique ou sécuriser la production et donc l'économie par la suprématie technologique, c'est bien la Chine qui est visée : les pays bénéficiaires de ces subventions auront interdiction pendant dix ans d'investir pour la fabrication de semi-conducteurs en Chine et dans les pays présentant une menace pour la sécurité nationale américaine. En outre, en octobre 2022, de nouvelles restrictions prises par le Bureau de l'industrie et de la sécurité (BIS) visent à empêcher les principaux concepteurs américains de puces informatiques pour l'IA, tels que Nvidia et AMD, de vendre leurs composants avancés à la Chine. De plus, ces restrictions visent à empêcher les ressortissants américains (citoyens américains ou détenteurs de « green card ») à pouvoir soutenir le développement ou la production de semi-conducteurs en Chine sans licence.

1. https://www.whitehouse.gov/briefing-room/speeches-remarks/2022/09/16/remarks-by-national-security-advisor-jake-sullivan-at-the-special-competitive-studies-project-global-emerging-technologies-summit/
2. https://www.reuters.com/technology/tsmc-planning-advanced-chip-production-arizona-company-founder-says-2022-11-21/
3. https://www.whitehouse.gov/briefing-room/statements-releases/2022/08/09/fact-sheet-chips-and-science-act-will-lower-costs-create-jobs-strengthen-supply-chains-and-counter-china/

Résumé

La montée en puissance de l'intelligence artificielle sur la scène internationale redéfinit les contours de la géopolitique mondiale, introduisant de nouvelles dynamiques de pouvoir entre les nations. L'IA est une technologie à usage général dont les applications initialement commerciales peuvent également répondre aux enjeux de sécurité nationale et stratégiques. Dans cette course technologique, la Chine et les États-Unis apparaissent comme les leaders incontestés poussant des agendas qui combinent vision stratégique et commerciale. L'Europe doit achever sa prise de conscience et agir pour ne pas se laisser distancer.

Chapitre 12

Les enjeux de sécurité

Doit-on se protéger de l'IA ?

Les risques liés à l'IA

La question des risques associés à l'intelligence artificielle ne se limite pas à savoir si l'IA surpassera un jour les capacités humaines dans tous les domaines scientifiques et techniques – cela semble inévitable. Toutefois, les architectures actuelles des modèles de fondation sont probablement insuffisantes pour atteindre ce niveau de performance à court terme. Dans un contexte d'évolution rapide des capacités des systèmes d'IA, le véritable enjeu pour les décideurs est de pouvoir prioriser leur action entre le traitement de risques catastrophiques hypothétiques et les menaces immédiates et tangibles que l'IA pose déjà. Aucune position de consensus claire et définitive n'a encore émergé et le débat se polarise : d'un côté, le chef du renseignement informatique du Pentagone américain a insisté sur le fait que « le monde est loin de la menace existentielle de l'IA[1] » ; de l'autre, dans son discours sur l'état de l'UE, la présidente de la Commission européenne Ursula von der Leyen a qualifié le « risque d'extinction par l'IA » de « priorité mondiale », au même titre que la guerre nucléaire et la pandémie[2].

1. https://news.sky.com/story/us-defence-chief-insists-world-nowhere-close-to-existential-ai-threat-12960574
2. https://ec.europa.eu/commission/presscorner/detail/ov/speech_23_4426

Il existe plusieurs nomenclatures qui tentent de présenter le continuum des risques posés par l'IA, allant des risques plus spéculatifs aux risques plus immédiats et concrets. Les risques liés à l'IA constituent un continuum car ils évoluent et se transforment en fonction de plusieurs facteurs, notamment la progression technologique (augmentation de l'autonomie et des capacités cognitives des systèmes) et l'intégration de l'IA dans différents secteurs de l'économie. L'ampleur de la catastrophe potentielle serait proportionnelle à la puissance de l'IA utilisée et à son niveau d'intégration dans l'économie ou les infrastructures critiques. La recherche en sécurité de l'IA examine donc un continuum de scénarios possibles :

- Le risque de mauvaise utilisation (intentionnelle ou pas) de l'IA. Prenons l'exemple de l'utilisation des systèmes d'IA dans la gestion automatique des infrastructures critiques, comme les réseaux électriques ou les systèmes de distribution d'eau. Un système d'IA comme ceux que l'on connaît aujourd'hui pourrait effectuer des tâches précises comme l'optimisation de performances, le contrôle prédictif ou la détection d'anomalies. Avec une bonne gouvernance du système, un défaut de l'IA générerait une alerte sur un système de supervision qui serait traité par un humain. Une IA extrêmement puissante, conçue pour optimiser ces systèmes, pourrait commencer à prendre des décisions qui maximisent l'efficacité selon des critères que ses concepteurs n'avaient pas prévus, comme couper l'électricité dans certaines zones pour réduire la charge globale, sans tenir compte des conséquences humaines de ces actions tout en déjouant un système de supervision de ses actions. Les implications d'une telle perte de contrôle pourraient engendrer une désorganisation sociale et économique importante. Les risques d'utilisation malveillante de l'IA présentent aussi une forme de continuum en fonction du cas d'usage et de la puissance du système (deepfakes, reconnaissance faciale à des fins de surveillance massive, aide au développement d'armes biochimiques). Un autre type de risque est celui d'une course mondiale à l'IA qui déraille.
- Le risque de la course mondiale à l'IA : dans la compétition entre nations et entreprises, la course à l'IA pourrait également

pousser à précipiter la mise en œuvre de ces systèmes, sacrifiant le contrôle de la technologie pour la rapidité de mise en fonctionnement. Notons toutefois que l'histoire récente nous montre que la pression à accélérer le développement de l'IA générative n'est pas venue de la Chine ni des règles moins démocratiques qu'elle se donne en espérant avancer plus vite. Ce sont davantage les start-up californiennes comme OpenAI dont une partie du modèle de développement repose sur des levées de fonds massives, qui ont provoqué l'emballement, suscité l'engouement et l'intérêt du plus grand nombre.

- Le risque de dépendance, de déresponsabilisation ou de perte de contrôle de l'homme. Il s'agirait ici d'un scénario où des systèmes d'IA puissants chercheraient à prendre le contrôle ou auxquels nous donnerions volontairement une partie de notre libre arbitre dans le cadre d'une dynamique concurrentielle avec la machine. Le cercle vicieux serait le suivant : l'homme délègue les tâches et les décisions pour lesquelles il est moins performant, perdant peu à peu sa capacité à agir et à rester maître des situations. Des questions fondamentales se posent alors : si les systèmes d'IA sont suffisamment puissants pour remplacer les humains dans un grand nombre de leurs activités les plus importantes et les plus significatives, telles que la prise de décision, la création et la planification, qu'est-ce que cela signifie pour l'existence humaine et notre destin en tant qu'espèce ?
- Les biais et la discrimination algorithmique représentent également des risques immédiats et sérieux associés à l'utilisation de l'IA. Communément assimilés à une propriété indésirable et inhérente aux données, les biais recouvrent en réalité des mécanismes variés. Tantôt reflets de préjugés, tantôt échos des mutations du monde, ils ont pour effet d'altérer la justesse des prédictions de l'algorithme. On l'a déjà dit plus haut, en 2018, Amazon a dû débrancher son système d'IA pour le recrutement, système entraîné pour évaluer les candidats sur un historique de dix ans de données. L'algorithme avait appris

à pénaliser les CV comportant le terme « femme/féminin[1] ». Le phénomène est bien connu des chercheurs en IA : l'IA peut perpétuer ou même exacerber des biais historiques existants dans les données sur lesquelles elle est entraînée.

La perception des risques liés à l'IA

La perception des avantages de l'intelligence artificielle par rapport à ses risques technologiques varie considérablement d'un pays à l'autre. Une enquête de l'institut Ipsos révèle qu'en Indonésie, Thaïlande et au Mexique, une large majorité des répondants perçoivent les produits et services basés sur l'IA comme étant plus bénéfiques que nuisibles, avec des taux d'approbation autour des 75 %. En revanche, parmi les 31 pays étudiés, les États-Unis et la France sont ceux où l'on observe le plus de réserves à l'égard de l'IA (autour de 35 % d'approbation).

Mettre la recherche en IA sur pause

Suite à l'émergence de ChatGPT, nombreux sont ceux qui ont exprimé leur surprise face à l'accélération technologique sans précédent, soulignant que le développement rapide de telles innovations dépasse largement la capacité d'adaptation des gouvernements, des entreprises et de la société qui peinent à suivre le même rythme. L'institut américain Future of Life Institute s'est mué en lanceur d'alerte en publiant une lettre ouverte afin d'attirer l'attention sur la course dangereuse et incontrôlée de l'IA. Cette lettre militait pour un moratoire de six mois sur le développement des modèles d'IA les plus avancés, une pause pour laisser aux chercheurs en sécurité de l'IA le moyen de mieux comprendre et contrôler ces systèmes. Soutenue par une communauté internationale d'experts en intelligence artificielle, incluant chercheurs et praticiens, la lettre exprimait les inquiétudes des signataires concernant les implications

1. https://www.reuters.com/article/idUSKCN1MK0AG/

potentiellement dangereuses d'un développement trop hâtif de cette technologie. Parmi eux, Elon Musk, cofondateur d'OpenAI, s'est érigé en porte-parole des dangers que l'IA pourrait représenter pour l'existence humaine. Ses mises en garde ont résonné avec les positions alarmistes d'autres figures éminentes du domaine, telles que Geoffrey Hinton, considéré comme un des pères fondateurs de l'IA. Comme le relève l'universitaire Jenny W. Xiao[1], cette crainte concernant les systèmes d'IA les plus avancés n'est pas exclusive aux technologistes occidentaux. Cela fut moins relevé mais elle a été partagée par de nombreux chercheurs chinois de premier plan dans le domaine de l'IA. Zhang Yaqin, professeur à l'université de Tsinghua, et Zeng Yi, éminent chercheur à l'Académie chinoise des sciences, sont tous deux signataires.

Les chercheurs en sécurité de l'IA

À l'intérieur des grands laboratoires privés d'IA, la recherche en sécurité de l'IA s'est considérablement développée dans la période récente. La croissance de la discipline est incontestable, les publications scientifiques sur la sécurité de l'IA ayant crû de 315 % sur la période 2017-2022 selon l'Observatoire pour les technologies émergentes spin-off du Centre pour la sécurité et les technologies émergentes (CSET) de l'université Georgetown à Washington. Les laboratoires privés y contribuent pour 9 %, toujours selon les chiffres de l'Observatoire. Cependant, cette croissance est à relativiser : la littérature sur la sécurité de l'IA ne représente que 2 % des articles scientifiques annuels sur l'IA[2]. Aux travaux de pure recherche s'ajoute une réflexion sur la sécurité des produits utilisant de l'IA qui est menée par les équipes de recherche en sécurité de l'IA dans les laboratoires privés. Les politiques de montée en puissance responsable (Responsible Scaling Policies ou RSPs) ont été récemment proposées comme cadre pour l'escalade sécurisée des modèles de langage de grande envergure. Les

1. https://legrandcontinent.eu/fr/2023/06/09/laire-de-lunion-a-lere-de-lia/
2. https://almanac.eto.tech/topics/ai-safety/

RSPs sont conçues pour intégrer des pratiques de gestion des risques au sein des processus de développement des IA, spécialement les modèles de fondation. L'idée est de procéder à une montée en puissance des capacités de l'IA de manière contrôlée et consciente des défis éthiques et des dangers potentiels. Toutefois, plusieurs critiques ont été formulées à l'encontre des RSPs concernant leur manque de transparence ou d'applicabilité.

Pour construire une confiance solide entre utilisateurs et développeurs de l'IA, il est crucial d'établir des méthodes assurantielles et de responsabilité. L'industrie ne peut résoudre ces défis à elle seule. L'IA n'est pas simplement un produit ou un modèle unique ; elle représente un ensemble complet de processus itératifs nécessitant l'engagement de l'ensemble de l'écosystème, incluant la société civile, l'industrie, les régulateurs et le gouvernement. Les groupes de recherche indépendants comme Eleuther AI ou le Allen Institute for AI (AI2) jouent aussi un rôle clé dans l'écosystème et doivent être soutenus. Pour véritablement assurer une utilisation responsable de l'IA, il est impératif d'impliquer tous ces acteurs.

Pour une gouvernance mondiale des risques de l'IA ?

Depuis 2023, la sécurité de l'IA émerge comme une question de premier plan des discussions multilatérales entre États. Le premier sommet pour la sécurité de l'IA de Londres a abouti à l'établissement d'un « GIEC de l'IA », groupe d'experts académiques sur le format du groupe du même nom pour le climat. Dirigé par le chercheur canadien et prix Turing Yoshua Bengio, le groupe a pour mission d'établir un rapport sur les risques de l'IA et l'état de la science en sécurité de l'IA. Plusieurs nations comme le Royaume-Uni, Singapour ou les États-Unis ont aussi lancé des instituts pour la sécurité de l'IA afin de soutenir une recherche publique et académique sur ce sujet pour ne pas le déléguer totalement au secteur privé. Ces instituts ont annoncé des partenariats clés entre eux[1]. Une collaboration et une convergence mondiale sur ces questions sont en effet essentielles pour assurer une sécurité de l'IA globale et une gestion harmonisée des risques. Le plus grand piège serait de jouer sur une dynamique de concurrence Est-Ouest, Chine, voire BRICS, contre Occidentaux. Pour les nations, il est essentiel de travailler à une compréhension partagée des risques mondiaux et de concentrer leurs efforts sur l'atténuation de ces risques. L'histoire montre qu'une coopération mondiale sur l'IA est possible, comme cela a déjà été réalisé dans les domaines du clonage et des armes biologiques ; nous avons la capacité de collaborer efficacement sur ces enjeux.

Résumé

Dans un contexte mondial de concurrence technologique accrue et d'une accentuation des postures techno-nationalistes, la question de la sécurité de l'IA, de sa fiabilité et de ses risques dans le monde a émergé au plus haut niveau des sommets intergouvernementaux. Dans un paysage où se croisent et s'entremêlent agendas politiques, commerciaux, médiatiques et idéologiques, la compréhension des risques associés à l'intelligence artificielle devient particulièrement complexe : risques existentiels et scénarios à la Terminator versus risques concrets et immédiats, de quoi doit-on se prémunir ? Les débats entourant ces dangers potentiels de l'IA ne font pas émerger de consensus globaux parmi les technologistes, rendant la tâche de démêler le vrai du faux encore plus ardue pour les décideurs et le grand public.

1. https://www.commerce.gov/news/press-releases/2024/04/us-and-uk-announce-partnership-science-ai-safety

Chapitre 13

L'IA et l'environnement

IA : quel impact sur le climat ?

L'impact de l'IA sur l'environnement : quelques chiffres

Dès 2017, une étude de Greenpeace[1] établissait déjà que 7 % de la consommation mondiale d'électricité provenait des technologies de l'information (IT). Avant même l'avènement de l'IA générative, de nouveaux travaux ont apporté une analyse spécifique de l'impact de l'IA sur l'environnement. Par exemple, la chercheuse Emma Strubell de l'université américaine Carnegie Mellon a étudié particulièrement l'impact des méthodes de traitement des données textuelles et de langage naturel (NLP[2]). En 2019, l'entraînement d'un modèle très populaire de traitement de texte servant à de multiples applications émet autant de CO_2 qu'un vol New York-San Francisco. À l'époque, la chercheuse et son équipe soulignaient l'urgence de promouvoir une IA dont les algorithmes soient énergétiquement efficaces non seulement en réduisant les opérations de calculs dans les modèles, mais aussi en développant une

1. https://www.greenpeace.org/usa/wp-content/uploads/legacy/Global/usa/planet3/PDFs/2015ClickingClean.pdf
2. https://arxiv.org/abs/1906.02243

infrastructure globale (centre de données, infrastructures de calculs) moins consommatrice d'énergie. En 2024, le AI Index de l'université de Stanford rapportait que l'entraînement du modèle Llama 2-70B de Meta a rejeté environ 291,2 tonnes de carbone, soit près de 291 fois plus que les émissions d'un voyageur effectuant un vol aller-retour entre New York et San Francisco.

Soutenabilité de l'IA générative

En janvier, l'Agence internationale de l'énergie a révélé ses prévisions concernant la consommation globale d'énergie pour les années à venir, mentionnant pour la première fois la consommation liée aux centres de données, à la cryptomonnaie, et à l'intelligence artificielle. Ces secteurs ont constitué presque 2 % de la consommation mondiale d'énergie en 2022. Cette consommation pourrait doubler pour atteindre l'équivalent de la consommation électrique de tout le Japon. La chercheuse Sasha Luccioni, spécialiste de l'IA et du climat, estime que le passage d'une approche d'intelligence artificielle traditionnelle, dite « non générative », à une approche générative peut nécessiter 30 à 40 fois plus d'énergie pour accomplir exactement la même tâche[1].

Le calcul à grande échelle tel qu'on le connaît aujourd'hui n'est pas durable sur le plan environnemental : la production des puces est hautement toxique[2] et leur fabrication nécessite une énorme quantité d'énergie[3] – par exemple, TSMC représente à lui seul 4,8 % de la consommation nationale d'énergie de Taïwan, soit plus que l'ensemble de la capitale Taipei[4]. Les ressources d'eau nécessaires au refroidissement des centres de calcul sont aussi considérables.

1. https://www.technologyreview.com/2023/12/01/1084189/making-an-image-with-generative-ai-uses-as-much-energy-as-charging-your-phone/
2. https://theguardian.com/environment/2021/sep/18/semiconductor-silicon-chips-carbon-footprint-climate
3. https://economist.com/science-and-technology/2023/08/16/can-computing-clean-up-its-act
4. https://taipeitimes.com/News/editorials/archives/2020/07/17/2003740051

Microsoft et Google ont respectivement enregistré une hausse de 34 % et 21 % de leur consommation d'eau en 2022 par rapport à 2021. L'empreinte carbone est aussi importante (la création de GPT équivaut à environ 123 véhicules essence conduits pendant un an[1]). La H100, dernière puce électronique de Nvidia – le leader mondial des cartes graphiques utilisées pour l'IA – consomme 3,740 kWh annuellement[2]. Par rapport à la consommation d'énergie résidentielle par ville, les puces H100 qui seront sur le marché d'ici la fin 2024 consommeront l'énergie équivalente à la ville de Paris. Aux États-Unis, elles se classeraient au cinquième rang, entre Houston (Texas) et Phoenix (Arizona).

Que faire ? Comme le rappelle l'entrepreneur Gilles Babinet[3], soulignons d'abord que la consommation énergétique, la taille et le prix des puces ont considérablement diminué par unité de calcul. Depuis l'apparition du premier circuit intégré en 1958, la puissance de calcul a connu une augmentation spectaculaire, d'environ un milliard de fois, à prix donné alors que la consommation énergétique diminuait. De plus, des chercheurs explorent des alternatives avec le développement de modèles plus petits, plus économes et très performants. Google a montré que de nouvelles architectures couplées à des data centers plus « verts » permettent, à taille constante, de réduire l'empreinte carbone entre 100 et 1 000 fois[4]. Il faut toutefois que les industriels puissent faire la transparence sur la consommation énergétique de leurs modèles à la fois lors de leur entraînement et durant leur usage après leur mise en service. Cela est rarement le cas actuellement. Certains projets de loi et textes encadrant les bonnes pratiques rédigées par l'agence de protection de l'environnement américaine (EPA) incitent les entreprises d'IA à déclarer leur consommation d'énergie mais rien n'est pour l'instant légalement contraignant.

---

1. https://arxiv.org/abs/2104.10350
2. Les hypothèses supposent un taux annuel d'utilisation de 61 %.
3. www.odilejacob.fr/catalogue/sciences/environnement-developpement-durable/green-ia_9782415008291.php
4. https://arxiv.org/abs/2104.10350

L'IA au service de l'environnement

L'intelligence artificielle offre des solutions innovantes pour aborder les défis environnementaux complexes auxquels notre planète est confrontée. Par exemple, l'IA est utilisée pour optimiser la gestion des ressources en eau. Elle permet de fournir des analyses avancées de la consommation d'eau, permettant aux gestionnaires de bâtiments ou aux municipalités de détecter les fuites en temps réel, de surveiller l'usage de l'eau et de réduire les coûts. Elle aide non seulement à économiser de l'eau, ressource de plus en plus précieuse, mais aussi à minimiser l'impact écologique des zones urbaines et agricoles, contribuant ainsi à une gestion plus durable des ressources hydriques.

En outre, l'IA joue un rôle crucial dans la lutte contre le changement climatique par le biais de la surveillance environnementale et de la réduction des émissions de carbone. Par exemple, Google utilise l'IA pour améliorer l'efficacité énergétique de ses centres de données, réduisant ainsi significativement leur empreinte carbone. En parallèle, un think tank financier indépendant, Carbon Tracker, emploie l'IA pour détecter les centrales électriques à forte émission de CO_2 à partir de l'espace, en utilisant des données satellitaires[1]. Ce type de surveillance permet une régulation plus précise des émissions industrielles et aide les pays à respecter leurs engagements en vertu de l'accord de Paris sur le climat, tout en ouvrant la voie à des politiques énergétiques plus propres et plus efficaces.

L'IA est également indispensable dans la conservation de la biodiversité et la gestion des écosystèmes. Par exemple, le système d'IA « Wildbook » utilise des algorithmes de reconnaissance d'images pour identifier et suivre les animaux dans leur habitat naturel à partir de photos collectées via des drones ou des photos fournies par des scientifiques. Cette technologie permet de suivre les populations d'espèces menacées, de comprendre leurs comportements et de mieux planifier les efforts de conservation.

1. https://carbontracker.org/carbon-tracker-to-measure-worlds-power-plant-emissions-from-space-with-support-from-google-org/

Résumé

À rebours du concept de stagnation séculaire, prospective pessimiste qui actait la fin des grandes innovations et l'extinction de la croissance, l'IA incarne aujourd'hui une révolution technologique majeure, dans la lignée de la machine à vapeur, de l'invention de l'électricité et de l'avènement d'internet. Le coût environnemental de nos activités en ligne telles que des recherches sur Google ou l'utilisation de ChatGPT est souvent peu perceptible pour le grand public. Ces coûts environnementaux sont liés à l'empreinte carbone de l'infrastructure de l'IA et celle d'internet, qui sont elles-mêmes influencées par les quantités considérables de ressources (terres, eau, énergie) nécessaires pour faire fonctionner les centres de données et les infrastructures réseau. Le coût intrinsèque sur l'environnement de la recherche en IA et de son utilisation n'est pas neutre. La balance coût-bénéfice de l'impact de l'IA sur le climat et l'environnement doit toujours être examinée à la lumière des rapides évolutions de la technologie.

Chapitre 14

L'IA et la démocratie

IA : sauveur ou fossoyeur de la démocratie ?

L'IA générative, au service de la démocratie libérale ?

La démocratie libérale est un atout précieux pour de nombreuses nations dans le monde. Ce système politique basé sur le respect des libertés individuelles, de la libre circulation des idées et des personnes, attaché à la légitimité démocratique et à l'économie de marché est une force puissante pour faire advenir et diffuser les innovations de rupture. L'émergence de l'IA générative est concomitante d'un recul sans précédent de la démocratie libérale. Selon l'Institut international pour la démocratie et l'assistance électorale, nous vivons « la pire période de récession démocratique depuis 1975[1] ». Face au retour des volontés de puissances à travers le monde et à l'hybridité des conflictualités (désinformation, cyberattaque, observation des câbles sous-marins, etc.), l'IA générative peut être mise au service de la démocratie et de sa résilience. Elle peut accélérer les processus délibératifs, devenir un outil d'aide à la décision

1. https://www.touteleurope.eu/l-ue-dans-le-monde/selon-un-rapport-la-democratie-est-en-recul-en-europe-et-dans-le-reste-du-monde/

au service de la transparence démocratique ou un moyen d'améliorer la co-construction citoyenne en temps réel. La réalité nous montre qu'il n'en va pas de soi. Dans un contexte de déstabilisation des démocraties par des systèmes politiques concurrents, l'IA générative nous plonge aujourd'hui dans une ère de « post-vérité », de massification des fausses nouvelles et d'effondrement de la réalité. Elle permet d'accélérer des processus déjà existants de désinformation et dote les experts de la désinformation de nouvelles armes pour nous faire plonger dans des bulles cognitives : algorithmes de profilage, systèmes de recommandation permettant un ciblage précis des citoyens, polarisation orientée, deepfakes, etc. Il en résulte des récits concurrents, basés sur des visions fictives de l'avenir, produits par l'IA générative qui se disputeront l'attention des électeurs, dont beaucoup ne seront peut-être pas conscients qu'ils regardent des choses imaginaires. La désinformation affecte tellement les citoyens de manière fine qu'elle en devient non seulement un enjeu sociopolitique mais un véritable problème de cybersécurité (voir plus loin dans le chapitre). Alors que beaucoup d'observateurs prédisaient que 2024 verrait les premières élections influencées en masse par l'IA générative, le phénomène est déjà à l'œuvre. En octobre 2023, les élections législatives slovaques sont déjà l'occasion d'une intense désinformation ciblée, plus fine des citoyens dans l'UE. Une étude de Capgemini[1] montre que près de la moitié (49 %) des citoyens des pays de l'OCDE ne sont pas préoccupés par l'utilisation de l'IA générative pour créer de fausses nouvelles. L'enjeu d'accès à une information digne de confiance et de sensibilisation est donc primordial.

Partout dans le monde, il existe déjà des exemples concrets où l'IA participe au renforcement de la démocratie. À Taïwan, l'IA est utilisée pour renforcer l'engagement et la participation des citoyens dans les processus démocratiques. Par exemple, la ville de Taipei, à Taïwan, a mis en œuvre une plateforme appelée « vTaiwan » qui utilise l'IA pour recueillir et analyser les opinions des citoyens sur diverses législations et politiques publiques. Cette plateforme permet de dégager un consensus plus large et d'intégrer les préoccupations

1. www.capgemini.com/insights/research-library/creative-and-generative-ai/

des citoyens dans le processus législatif, ce qui renforce la transparence et la responsabilité du gouvernement. De telles initiatives montrent comment l'IA peut servir de pont entre les gouvernements et les citoyens, facilitant une forme de démocratie plus participative, où chaque voix a la possibilité d'être entendue et prise en compte dans la gouvernance. En Estonie, pionnier dans l'utilisation de la technologie numérique pour faciliter le processus démocratique, l'IA contribue à détecter et à prévenir les tentatives de cyberattaques, permettant ainsi aux citoyens de voter en toute confiance depuis n'importe quel endroit dans le monde via son système de vote électronique, connu sous le nom d'« i-Voting ». Au Kenya, des plateformes basées sur l'IA offrent des conseils juridiques gratuits ou à faible coût aux citoyens, notamment dans des domaines clés tels que le droit du travail, le droit familial et le droit des terres.

La démocratie libérale, atout clé du développement de l'IA ?

Réciproquement, la démocratie libérale est un atout puissant pour le développement de l'IA générative et de l'innovation de rupture plus généralement. Historiquement, l'économiste Janos Kornai montre que sur 87 des innovations majeures réalisées depuis 1917, aucune n'a été produite par un système communiste qui, malgré les immenses talents scientifiques dont il a pu disposer, accumule du retard dans la diffusion de l'innovation. Quand elles existent, la plupart des innovations d'un système communiste sont non schumpétériennes, c'est-à-dire initiées par la défense verticalisée ou une administration centralisée. À l'inverse, la démocratie libérale et l'économie de marché instaurent un environnement favorable pour l'innovation : incitations à prendre des risques, compétition permettant aux nouveaux entrants les plus talentueux de gagner des parts de marché, accès rapide au financement ou décentralisation sont autant d'avantages dont dispose l'Europe.

La désinformation

La désinformation est devenue de plus en plus l'une des principales menaces et un défi mondial pour les démocraties et nos sociétés modernes. Elle entre maintenant dans une nouvelle ère où le défi est double : elle est devenue à la fois un problème sociopolitique (risque démocratique) et un problème de cybersécurité (spear phishing, risque sur les individus : la désinformation est du peer-to-peer). Bien avant l'avènement de l'IA générative, la désinformation a pu prospérer et proliférer via les modèles économiques des plateformes technologiques et des médias sociaux qui ont beaucoup mis en avant les contenus à fort engagement et les plus clivants. Cette nouvelle disruption technologique apporte cependant trois types de changements majeurs : le type et la qualité du contenu qui peut être créé, qui peut le créer, et combien cela coûte de le créer. Avec la massification des fausses nouvelles toujours plus réalistes, le but n'est plus nécessairement de convaincre mais de s'assurer qu'il soit trop difficile de démêler le vrai du faux. Les outils de la désinformation deviennent des technologies de base bon marché : les deepfakes vidéo ou audio sont déjà les outils de nombreuses manipulations en ligne[1], les systèmes de recommandation peuvent être transformés en armes de propagande via le bannissement invisible (shadow banning).

Les biais politiques des systèmes d'IA

ChatGPT est-il progressiste ? Alors que l'intelligence artificielle transforme déjà nos façons de nous informer et d'interagir avec le monde, la question des biais politiques des modèles d'IA devient centrale. Des chercheurs de l'université technique de Munich ont par exemple conclu que ChatGPT possède une « orientation pro-environnementale et gaucho-libertaire ». En France, le think tank Terra Nova a aussi conclu que ChatGPT présenterait un biais

1. https://www.france24.com/en/tv-shows/truth-or-fake/20240216-deepfake-of-france-24-journalist-continues-to-be-shared-on-social-media

progressiste. En bref, les résultats de l'étude mettent en évidence qu'en soumettant le modèle à des questions issues de tests de positionnement politique, on aboutit à des réponses orientées politiquement, en l'occurrence on a un système plutôt biaisé vers un positionnement « gauche progressiste » (libéral). Ces résultats sont reproductibles sur des corpus de questions choisies en fonction des clivages de la société américaine. Ces biais sont introduits à de multiples reprises dans le système. D'abord les biais inhérents contenus dans les données d'entraînement peuvent se refléter dans les réponses du modèle d'IA. Filtrer les données d'entraînement pour enlever les biais est une tâche extrêmement complexe. Dans la plupart des cas, il n'y a pas de notion universelle de « qualité » pour les données. Le filtrage des textes web en fonction de leur « qualité » peut avoir pour effet involontaire de surreprésenter certains groupes démographiques ou de réintroduire des biais. Ensuite, la phase d'alignement lors du fine-tuning du système (voir le chapitre 5) introduit également des biais. Pour rappel, la plupart des nouveaux modèles ont été affinés et spécialisés par leurs concepteurs pour agir comme des filtres de sécurité (refuser de répondre à certaines questions) ou pour contraindre certains types de réponses à rester dans les rails. Des annotateurs vont noter les « bonnes » et les « mauvaises » réponses du modèle en fonction de règles qui leur sont données. Ce processus d'alignement du modèle est ambigu car il peut introduire de nouveaux préjugés en influençant ou en promouvant une réponse subjective. Enfin, l'interface entre l'utilisateur et le modèle présente aussi un certain nombre de garde-fous qui peuvent renforcer certaines politiques de modération de contenu et peuvent à cette étape aussi introduire des biais. La technique seule ne peut être l'unique solution face à ce constat. Un modèle restera forcément biaisé, ne serait-ce que parce que le biais est aussi défini à travers le jugement particulier de chaque utilisateur. Les solutions à explorer sont donc davantage de l'ordre de la gouvernance de l'IA et de la structuration de son marché et de son écosystème. Citons trois pistes à explorer :

- Informer les développeurs et de faire la pédagogie auprès des utilisateurs de l'existence de ces biais politiques. Leur donner des outils pour les mesurer et les détecter.

- Les fournisseurs d'IA doivent être incités à faire davantage la transparence sur leurs systèmes d'IA. Comme pour les réseaux sociaux qui, sous la pression de la société civile et du régulateur, se sont mis à publier des rapports de transparence sur la détection et la résolution de la diffusion de contenus haineux, les fournisseurs d'IA doivent faire la même chose.
- On a besoin d'une pluralité de systèmes, d'une offre commerciale large et décentralisée et donc d'un écosystème industriel moins concentré entre les mains de quelques acteurs. La compétition est très importante pour laisser le citoyen et le consommateur libres de trancher.

Résumé

Dans *Do Artifacts Have Politics?*[1], Langdon Winner rappelle une formule de Lewis Mumford, historien américain des sciences et de la technologie: «Depuis la fin de l'époque néolithique au Moyen-Orient, jusqu'à nos jours, deux technologies ont toujours coexisté: l'une autoritaire, l'autre démocratique; la première centrée sur le système, immensément puissante, mais intrinsèquement instable, la seconde centrée sur l'homme, relativement faible, mais ingénieuse et durable.» L'IA générative n'échappera pas à cet adage. L'intégration de l'intelligence artificielle dans les démocraties libérales présente à la fois des opportunités substantielles et des défis significatifs. Depuis l'avènement des réseaux sociaux, les démocraties comprennent intimement que la manière dont nous construisons et utilisons l'IA peut profondément influencer notre perception du monde, affectant directement le fonctionnement global de la société.

1. https://www.jstor.org/stable/20024652

Chapitre 15

L'IA et la santé

Va-t-on vivre jusqu'à 200 ans ?

Médecine personnalisée, homme augmenté, réalité virtuelle thérapeutique, génomique avancée... Quel est réellement l'impact de l'IA en santé aujourd'hui et de quelles promesses est-elle porteuse pour demain ? Depuis longtemps, nos imaginaires ont été nourris par un large spectre de scénarios d'application de la technologie à la santé allant des outils de guérison aux potentielles promesses d'expansion des capacités humaines. À l'ère de l'IA générative, l'IA transforme déjà la recherche en biologie, le parcours de soins, le diagnostic ou les infrastructures hospitalières. Ces transformations technologiques ne peuvent se faire sans une réflexion pluripartite (société, technologistes, et décideurs publics) sur les questions éthiques et philosophiques.

IA et biologie : faire avancer la recherche scientifique

L'IA accélère la recherche dans nombre de domaines scientifiques à un rythme sans précédent. L'impact de l'IA sur la biologie moléculaire a été révolutionné par l'entreprise Google DeepMind (ex DeepMind) avec le développement d'AlphaFold. Ce système utilise une approche basée sur l'apprentissage profond pour prédire la structure tridimensionnelle des protéines (caractéristique essentielle indiquant la fonction d'une protéine comme la catalyse ou le transport de molécule), une question centrale en biologie qui a résisté à la résolution pendant près d'un demi-siècle. Comme le souligne le chercheur agrégé en biochimie et génie biologique Xavier Olessa-Daragon, connaître la structure 3D d'une protéine n'est pas une chose aisée. « Même en connaissant sa composition précise en acides aminés, il fallait souvent la cristalliser, puis la soumettre à des rayons X de haute intensité, et enfin reconstruire la structure grâce à des mathématiques complexes. » AlphaFold applique un réseau de neurones qui ingère des séquences de protéines et prédit leur structure en utilisant un modèle de « repliement » basé sur les acides aminés et leurs interactions chimiques. En 2020, AlphaFold a démontré une précision remarquable dans la compétition CASP (Critical Assessment of protein Structure Prediction), surpassant toutes les méthodes précédentes. Cette capacité à prédire les structures protéiques rapidement et avec précision peut accélérer la recherche en rendant ces données accessibles sans nécessiter d'expérimentation coûteuse et chronophage en laboratoire. En outre, cette technologie dépasse les frontières du laboratoire de DeepMind. Dans le domaine biomédical, des initiatives open source comme OpenFold ont reproduit avec succès des modèles propriétaires comme AlphaFold et ont pu mettre à la portée de tous les logiciels les plus puissants jamais créés. Ces outils peuvent être utilisés par les universitaires, les entreprises biotechnologiques et pharmaceutiques ou les étudiants qui apprennent à créer les médicaments de demain, à accélérer la recherche biologique fondamentale et à mettre sur le marché de nouveaux traitements qu'il serait impossible de découvrir sans l'IA. AlphaFold a notamment été utilisé pour la recherche dans la lutte contre le COVID-19, où il a aidé à comprendre rapidement la structure des protéines du virus, démontrant ainsi comment l'IA peut réduire significativement les cycles de développement de nouveaux traitements.

En parallèle des initiatives comme AlphaFold, les modèles de langage pour la biologie (BioLLMs) sont une autre avancée majeure permise par l'IA dans le domaine biologique. Ces modèles sont entraînés sur de vastes ensembles de données textuelles issues de la littérature scientifique, intégrant des connaissances sur les interactions moléculaires, les fonctions génétiques, ou le métabolisme. Par exemple, des modèles comme BERTology (un dérivé du célèbre modèle de langage BERT appliqué à la biologie) peuvent extraire et synthétiser des informations qui auraient nécessité des centaines d'heures de travail humain.

IA et santé des femmes

Les exemples d'application de l'IA à la santé sont nombreux. Selon le AI Index 2024[1] de l'université de Stanford, le nombre des dispositifs médicaux approuvés par l'Agence américaine des produits alimentaires et médicamenteux (FDA) a été multiplié par plus de 45 depuis 2012. Parmi ces applications, le domaine de la santé des femmes est particulièrement emblématique et la France, en tant que leader mondial de la gynécologie, a vocation à devenir un acteur de la Femtech. La santé gynécologique connaît un retard important tant en termes de prise en charge de la patiente que d'innovations. L'errance médicale moyenne de patientes atteintes d'endométriose est de sept ans et 75 % des femmes ont au cours de leur parcours de soins au moins un diagnostic erroné. De nouveaux acteurs comme la start-up Matricis.ai, un spin-off d'Inria (Institut national de recherche en informatique et en automatique) et de l'APHP (Assistance Publique – Hôpitaux de Paris) se positionnent dans l'utilisation de l'IA dans le diagnostic des pathologies pelviennes via IRM. L'intérêt de l'IA ici n'est pas de remplacer le radiologue mais de potentiellement augmenter ses capacités, en fournissant des outils avancés qui complètent et enrichissent l'expertise humaine.

1. https://aiindex.stanford.edu/report/

IA et ophtalmologie

Des chercheurs de l'université de Cambridge et de la NHS ont montré que le modèle GPT-4 d'OpenAI obtient des performances comparables à celles des ophtalmologistes experts dans le diagnostic des problèmes oculaires[1]. Bien que GPT-4 n'ait pas atteint le niveau des ophtalmologistes les plus expérimentés, il surpasse déjà des médecins juniors et égale de nombreux spécialistes. Cette étude, publiée dans le journal *PLOS Digital Health*, indique que les grands modèles de langage sont en passe d'atteindre une performance de niveau expert en ophtalmologie. Les LLMs comme GPT-4 continuent de progresser et pourraient significativement améliorer les diagnostics médicaux et les résultats pour les patients, malgré le besoin de perfectionnements pour une utilisation en contexte clinique.

L'IA au service des infrastructures de santé à l'hôpital et à domicile

L'IA permet également une réappropriation de l'espace à l'hôpital ou à domicile pour le patient. La complexification de nombreuses tâches à effectuer et la criticité de leurs enjeux en font des environnements exigeants pour les soignants. La chercheuse Fei-Fei Li, professeure à Stanford et codirectrice de l'institut pour une « IA centrée sur l'humain », son doctorant Albert Haque et le professeur Milstein, directeur du centre de recherche clinique d'excellence de Stanford, ont exploré la manière dont la technologie des capteurs sans contact couplée à l'IA peuvent ensemble révolutionner l'appropriation des espaces à l'hôpital et à domicile. Ils examinent une série d'applications à l'hôpital où l'IA est entraînée sur des données collectées par des capteurs sans contact afin de permettre l'analyse fine de situations de vie précieuses au diagnostic médical (analyse des mouvements et habitudes du patient par exemple). Certaines unités de soins intensifs

1. https://journals.plos.org/digitalhealth/article/authors?id=10.1371/journal.pdig.0000341

ont déjà expérimenté cette technologie pour améliorer la détection de pathologies neuromusculaires apparaissant chez des patients pourtant non traités pour ce type de problèmes. Une deuxième application concerne les infections nosocomiales. Dans le monde, elles affectent plus de 100 millions de patients. Le respect des protocoles d'hygiène est déterminant pour endiguer ces externalités. À la place des procédures de conformités coûteuses, parfois biaisées ou intermittentes, l'IA est capable d'identifier dans 75 % des cas la conformité du lavage de mains des personnels soignants (contre 63 % pour un observateur humain). Le modèle détecte par exemple l'utilisation de gel hydro-alcoolique par le soignant et fonctionne de manière ininterrompue. Enfin, ces capteurs placés dans la salle d'opération pourraient contribuer à réduire les événements indésirables lors des interventions chirurgicales invasives en aidant au décompte du matériel chirurgical. Ils se sont aussi révélés efficaces pour évaluer la qualité des gestes des chirurgiens avec une grande précision.

Installée à domicile, cette technologie est aussi un support pour prévenir et aider au traitement de la dépendance et de la perte d'autonomie des plus de 65 ans qui représenteront 1,5 milliard de personnes dans le monde d'ici 2050. Elle permettrait notamment d'évaluer plus fréquemment le degré d'autonomie dans les activités quotidiennes (prise de repas, habillage par exemple) fortement significatives de l'état des fonctions cognitives. Cette technologie s'avère aussi plus précise pour détecter et analyser les chutes des personnes que les capteurs portatifs traditionnellement utilisés. Rester plus d'une heure à terre après une chute est un facteur corrélé avec une multiplication par cinq du risque de décès dans l'année.

Respect de la vie privé et confidentialité des données

Malgré le caractère extrêmement prometteur des applications de l'IA à la médecine, l'adoption de cette technologie a été légitimement freinée par la régulation concernant le respect de la confidentialité des données personnelles. Ce sujet est ainsi devenu un objet d'étude privilégié pour la recherche en IA. Les concepteurs des systèmes d'IA doivent faire face à plusieurs défis pour garantir une protection maximale contre la collecte ou l'utilisation malveillante de ces données de santé. Différentes techniques permettent de garder les données sécurisées et anonymes tout en les rendant accessibles pour la recherche : les données agrégées depuis différentes sources sont cryptées et anonymisées pour que le modèle central ne voie ni les vraies données ni ne sache à quel utilisateur elles appartiennent.

Les enjeux de la bioéthique

Comme pour le déploiement de l'IA dans l'économie, l'utilisation de l'IA en santé est d'abord une question de choix politique et de société. Le triangle formé par les citoyens, les ingénieurs et les politiques est un élément essentiel de démocratie participative en santé. Les différents comités d'éthique des instituts de recherche comme l'Inria ou l'Inserm aident le citoyen à trouver sa place. Pour ce qui est de l'Inria « bras armé de l'État pour construire la souveraineté numérique de la nation » selon les termes de son contrat de performance avec l'État, l'institut a fonctionné pendant près de quarante ans sans comité d'éthique. Les recherches en informatique étaient alors pensées comme suffisamment loin des applications techniques ou des questions de société pour justifier l'existence d'un tel comité. Aujourd'hui, elles sont au cœur de la révolution des usages en santé. Enfin, le débat sur l'éthique des applications de l'IA en santé démontre aussi l'importance de positionner la France et l'Europe comme des leaders mondiaux de l'IA : nous ferons toujours plus confiance à des produits que l'on fabrique nous-mêmes que des produits fabriqués par d'autres.

Résumé

En France, le secteur de la santé est confronté à des défis structurels et conjoncturels sans précédent : pandémie, déserts médicaux, vieillissement, maladies chroniques, la liste des épreuves pour le corps médical et la société française ne cesse de s'allonger. Si la technologie et l'IA ne peuvent constituer l'unique recours, elles font partie intégrante de la solution. L'IA ne se substituera pas aux 6 000 médecins généralistes manquants dans les zones rurales[1]. Si on se l'approprie, l'IA s'impose comme une alliée incontournable dans de nombreux domaines : recherche en biologie, parcours clinique, infrastructures de santé, formation médicale, etc. Loin des concepts de science-fiction et des imaginaires transhumanistes parfois portés dans la Silicon Valley, l'IA a vocation à transformer à court terme le quotidien médical au service de l'efficacité du diagnostic et du patient.

1. https://www.calameo.com/read/005307989239a0f96f4f2

Chapitre 16

L'IA et le sport

Nouvelles stratégies de victoires ?

L'intégration de l'intelligence artificielle dans le sport représente une évolution remarquable dans la longue histoire des technologies appliquées à l'amélioration des performances athlétiques et à la gestion sportive. La compétitivité inhérente au sport de haut niveau crée un environnement extrêmement concurrentiel où le moindre gain de performance est traqué par des athlètes qui cherchent à tirer parti de toutes les opportunités. Depuis les années 1980, l'intégration des statistiques puis de l'intelligence artificielle dans le domaine du sport a marqué des étapes significatives. Le tournant des années 1980 a vu les premières explorations sérieuses de l'IA avec l'application de statistiques avancées dans des sports comme le baseball, notamment avec la sabermétrie (terme issu de la contraction entre « SABR » – Society for American Baseball Research – et « métrie » pour mesure) qui analysait les performances des joueurs d'une manière jusqu'alors inédite. Dans les dernières décennies, l'IA a commencé à jouer un rôle transformationnel pour l'industrie du sport, apportant des solutions nouvelles dans un grand nombre d'applications, des modèles prédictifs pour optimiser les stratégies de jeu, à l'aide à la préparation physique en passant par l'amélioration des équipements sportifs et de l'expérience des spectateurs.

Les données du sport

L'intelligence artificielle dans le sport utilise une large variété de types de données dont l'accessibilité n'a cessé de croître au cours des dernières années. Les données structurées, comme les séries temporelles sont largement utilisées, que ce soit les statistiques de jeu sur plusieurs saisons ou matchs pour mieux évaluer la performance ou les statistiques de match collectées en temps réel. Ces données peuvent être extraites de bases de données sportives, de systèmes de suivi en direct, rendues disponibles par les ligues et les organisations sportives. Les données non structurées, par exemple issues de la vidéo (séquences capturées pendant les matchs, les compétitions ou les entraînements) ont permis une analyse plus fine des mouvements pour analyser la technique des athlètes. Elles sont aussi exploitées dans le but d'une amélioration des systèmes d'arbitrage (cas du Hawk-Eye dans le tennis pour les appels de ligne). Enfin les données biométriques ou issues de capteurs divers sont aussi au cœur de l'analyse sportive. Souvent collectées à l'aide de dispositifs portables tels que des montres intelligentes et des bandeaux de fitness, ces données peuvent participer à la surveillance de la fatigue et de la récupération pour prévenir les blessures ou à l'ajustement des charges d'entraînement dans le cadre d'une stratégie d'optimisation de la performance. L'accès à ces données peut être limité par des préoccupations de confidentialité et de consentement des athlètes. Les données de capteurs sont largement accessibles grâce à l'intégration des capteurs dans l'équipement sportif. Elles permettent une analyse tactique plus fine (utilisation de données GPS pour analyser les mouvements des joueurs dans des sports d'équipe comme le football ou le rugby) ou l'amélioration de la sécurité des joueurs (capteurs dans les casques de football américain pour détecter les impacts pouvant causer des commotions cérébrales).

Prédiction et optimisation de la performance sportive

Des pionniers de la statistique sportive...

L'application de l'analyse statistique au sport est ancienne. Dès les années 1950, le Britannique Charles Reep, comptable de profession et analyste de football amateur, a commencé à développer ses théories. Reep collecte systématiquement les données détaillées sur les matchs de football, en enregistrant chaque passe avec un carnet et un stylo et en analysant les modèles qui menaient à des buts. Il est souvent crédité d'avoir promu l'idée que la plupart des buts provenaient de « trois passes ou moins » et a encouragé des tactiques qui favorisaient le jeu direct et les longs ballons vers l'avant, estimant que cela augmentait les chances de marquer. Ses travaux ont eu une influence notable sur le football anglais pendant plusieurs décennies. D'autres ont suivi, notamment aux États-Unis où Billy Beane, directeur général des Oakland Athletics, a adopté et popularisé l'utilisation de l'analyse statistique (sabermétrie) pour assembler une équipe compétitive malgré un budget limité. Son approche a changé la façon dont les équipes sont construites dans le baseball. De même, en NBA, Daryl Morey, ex-directeur général des Houston Rockets, fut un pionnier de l'analyse avancée dans le basketball. Il est l'un des principaux promoteurs du mouvement analytique dans la NBA, connu sous le nom de « Moreyball », qui valorise les tirs à trois points et les tentatives proches du panier, fondés sur leur efficacité statistique prouvée.

... aux experts de l'IA générative

Plus récemment, avec l'essor du deep learning et des capacités de l'IA, des algorithmes génératifs ont permis de traiter de nouveaux cas d'usage. En 2024, des chercheurs du laboratoire de Google DeepMind, en collaboration avec des experts du club de football de Liverpool, ont ainsi développé TacticAI[1], un système d'IA capable

1. https://deepmind.google/discover/blog/tacticai-ai-assistant-for-football-tactics/

de fournir de l'analyse tactique aux experts, particulièrement pour les corners. L'importance des corners réside dans leur fréquence élevée durant les matchs et le fait qu'ils offrent une opportunité directe de marquer, étant donné qu'ils sont exécutés depuis une position fixe et rigide. En plus de prédire avec précision le premier joueur qui va recevoir le ballon lors d'un corner et la probabilité d'un tir résultant directement du corner, TacticAI a généré des variations tactiques plausibles qui améliorent les résultats de manière significative. L'étude indique que les suggestions de TacticAI sont préférées 90 % du temps par rapport aux configurations tactiques habituelles observées lors des matchs. Malgré la disponibilité limitée de données de haute qualité sur les corners, TacticAI a réussi à produire des modèles généralisables et à obtenir des résultats à la pointe de la technologie.

L'IA générative pour améliorer l'entraînement sportif

L'intelligence artificielle joue un rôle crucial dans l'entraînement de haut niveau des sportifs en offrant des solutions personnalisées et adaptatives. Grâce à l'analyse de données biomécaniques, les algorithmes d'IA peuvent identifier les risques potentiels de blessures et fournir des recommandations pour leur prévention. En surveillant des facteurs comme les schémas de mouvement et la charge de travail, l'IA permet aux athlètes et à leurs entraîneurs de prendre des décisions éclairées pour réduire le risque de blessures et améliorer la performance globale. L'IA générative permet de proposer aux sportifs des programmes d'entraînement personnalisés qui s'adaptent aux niveaux de forme physique, à l'historique de performance, et aux objectifs de chaque athlète, optimisant ainsi leur potentiel au fil du temps. Cependant, peu d'études existent à l'heure actuelle pour mesurer le degré de créativité, d'innovation et de performance de ces systèmes par rapport à un coach humain expérimenté.

En parallèle, l'IA enrichit l'entraînement en temps réel via des dispositifs qui fournissent des retours immédiats, permettant aux athlètes d'ajuster instantanément leur technique pour maintenir des niveaux de performance optimaux. Les systèmes de réalité virtuelle (VR) alimentés par l'IA simulent des scénarios de jeu réels, offrant un environnement virtuel pour la pratique tout en réduisant le risque de blessures ou de commotion lors des entraînements intensifs. Les avancées récentes de la VR permettent désormais de distinguer efficacement les compétences des novices de celles des professionnels, augmentant ainsi la pertinence de cette technologie pour un entraînement personnalisé et adaptatif. L'IA analyse également des données sportives complexes pour offrir des insights sur les stratégies de jeu et les performances, ce qui est crucial pour le coaching et la prise de décision. Enfin, d'autres applications de l'IA étudient comment la technologie peut soutenir la nutrition et la récupération en personnalisant les recommandations basées sur le régime alimentaire, le sommeil et les pratiques de récupération de l'athlète, renforçant ainsi sa capacité à maintenir des performances de pointe. Pour comprendre l'apport scientifique de ces développements, il est cependant nécessaire d'évaluer de tels systèmes sur le long terme par rapport aux pratiques existantes.

L'IA au service de la transformation de l'expérience des supporters de sport

La technologie n'a cessé de révolutionner l'expérience des supporters et des amoureux du sport. L'ATP, l'organisme qui organise les principaux tournois de tennis dans le monde, a considérablement modernisé l'expérience du tennis. Les innovations ont apporté des technologies avancées au cœur de l'interaction des fans et de la gestion du sport, faisant du tennis un exemple de la manière dont la technologie peut enrichir le sport. Les systèmes d'IA sont capables d'offrir désormais des analyses de match en direct, des résumés de coups, des visualisations en 3D, et des outils d'analyse point par point qui plongent les fans dans des détails techniques et tactiques jamais vus auparavant. Ces outils aident non seulement les fans à comprendre les subtilités du jeu mais aussi les entraîneurs et les joueurs à analyser leurs performances et celles de leurs adversaires.

L'expérience des fans de Formule 1 (F1) est profondément transformée grâce à l'intégration de technologies avancées fournies par le cloud, qui utilisent l'IA pour révolutionner la manière dont les courses sont suivies et comprises. Chaque voiture de F1 est équipée de 300 capteurs qui génèrent 1,1 million de points de données de télémétrie par seconde. Ces données sont transmises en temps réel des voitures aux stands, où elles sont analysées pour ajuster les stratégies en cours de course. L'IA permet de suggérer des analyses tactiques contrefactuelles : cette fonctionnalité analyse comment une course aurait pu se dérouler si des décisions stratégiques différentes avaient été prises. En visualisant les effets de ces décisions alternatives, les fans peuvent comprendre l'impact des choix stratégiques sur le résultat final de la course, ce qui enrichit considérablement l'expérience de visionnage en mettant en lumière l'importance de chaque décision prise par les équipes et les pilotes. L'analyse des soixante-dix ans de données historiques de F1 combinées aux données en temps réel permet de dégager des tendances et des modèles qui informent sur les stratégies des équipes. Ces éléments sont intégrés dans les diffusions pour éduquer et divertir les fans, leur offrant une compréhension plus profonde des tactiques et stratégies qui sous-tendent les performances sur la piste.

Résumé

Les usages de l'IA dans le sport s'inscrivent dans une longue tradition d'utilisation de la statistique dans le but d'objectiver et de complémenter certaines analyses basées sur l'intuition et l'expérience humaines. L'IA a vocation à transformer l'industrie du sport et sa pratique sans altérer ce qui en fait toute sa beauté. Le sport est le lieu par excellence des aventures humaines et de l'irrationnel. Nous connaissons tous des soirées d'exception de matchs de Coupe du monde ou de finales olympiques qui nous semblent basculer dans une autre dimension, de l'ordre du non explicable, de l'insensé ou de l'illogique. L'IA n'a pas vocation à rationaliser cette expérience mais peut apporter d'autres clés de lecture. Tout comme la réalité virtuelle ne remplacera pas l'expérience des supporters en direct, elle ne remplacera pas le coach sportif, elle l'augmentera.

SECTION 4

Solutions et perspectives

Chapitre 17
Réguler l'IA

Quel droit pour l'IA ?

La nouvelle nature technologique de l'IA, singulièrement duale et transverse, initiée par le secteur privé est un changement de paradigme radical. Elle constitue une révolution cognitive tout autant qu'industrielle qui nécessite une adaptation de la grille de lecture du législateur. Tout comme l'ont montré les débats sur la bioéthique depuis les années 1970, la régulation technologique est avant tout un choix de société et un instrument de soft power pour les nations. Le caractère extraterritorial des réglementations sur l'IA en fait des enjeux géopolitiques et d'influence. États-Unis, Chine ou Europe en tête, les différentes approches se concurrencent pour encadrer l'IA et chacune des régions met en œuvre des normes qui reflètent leurs priorités idéologique, économique et sociale spécifiques.

Approche américaine

L'état d'esprit prédominant à Washington est de s'assurer la suprématie technologique en IA dans la compétition géopolitique. Lors d'une conférence à l'université de Stanford en 2019, Michael Kratsios, alors CTO de la Maison-Blanche auprès de Donald Trump, déclarait qu'il y avait deux types de technologie : celle née en captivité comme les voitures autonomes (qui ne pouvait se développer à cause d'une trop forte régulation) et la technologie libre, par exemple internet. En termes de régulation, on a observé une assez grande continuité entre les administrations Trump et Biden jusqu'en 2023. Au-delà des différences rhétoriques ou de priorisation, la régulation à long terme de l'IA est pensée comme un mélange de verticalité (régulation par secteur) et d'horizontalité (régulation transverse pour faire respecter des critères ou valeurs communs). L'approche du management du risque par exemple est spécifique par secteur et très distribuée entre les agences fédérales. De grands principes généraux servent de ligne directrice et informent les régulations sectorielles (Risk Management Framework du NIST ou AI Bill of Rights qui a pour vocation de coordonner les agences fédérales autour de ces principes). Au niveau local, les États ou les villes peuvent légiférer sur certains cas d'usages très localisés : par exemple, c'est le cas de la loi sur l'utilisation de l'IA pour le recrutement à NYC ou de la loi du Colorado « protégeant les consommateurs contre la discrimination déloyale dans les pratiques d'assurance ». Plus récemment, un Executive Order d'octobre 2023[1] du président Biden a fixé quelques lignes plus contraignantes. Pour rappel, Executive Order est une ordonnance rédigée par le président des États-Unis qui prend effet sans passer par un vote au Congrès américain mais qui peut être rayée d'un trait de plume par l'Administration suivante. L'Executive Order couvre un large spectre de mesures allant de la simplification des visas de travail pour les talents en IA au mandat donné aux agences fédérales d'élaborer des normes en matière d'IA et de pratiques minimales d'évaluation, de suivi et d'atténuation des risques notamment. Enfin, il établit, pour des raisons de sécurité, un seuil de capacité de calcul pour définir les modèles à la frontière technologique fixé à 10^26 Flops (voir plus loin la section « Grands enjeux de la régulation de l'IA »). Si l'entraînement d'un modèle d'IA dépasse ce seuil de puissance de calcul, le développeur est soumis à des obligations plus strictes en termes de responsabilité et de transparence. En outre, les fournisseurs de cloud

1. https://www.whitehouse.gov/briefing-room/statements-releases/2023/10/30/fact-sheet-president-biden-issues-executive-order-on-safe-secure-and-trustworthy-artificial-intelligence/

américains sont tenus d'informer l'Administration lorsqu'une entité étrangère tente d'acheter des services de calcul nécessaire à l'entraînement d'un très grand modèle.

Approche européenne

Dans la bataille internationale des normes et de la standardisation, l'Europe est la première à réguler aussi largement l'IA. Elle utilise un seul texte législatif horizontal pour fixer le large éventail des applications de l'IA. Introduites via un processus consultatif par la Commission européenne en 2020, les discussions sur le texte ont pris quatre ans avant d'aboutir à une version finale. Il reste ensuite encore environ deux ans aux États pour l'inscrire dans leur droit national. Mais avec la vague de l'IA générative, l'Europe a redécouvert que le temps frénétique de l'innovation n'est pas celui de la régulation. Elle illustre de façon éclatante la difficulté pour une régulation très horizontale comme l'IA Act de s'adapter à un domaine en évolution rapide. Au départ, le cadre de l'IA Act se voulait être basé sur des niveaux de risques dépendant du cas d'usage et de l'application. Ainsi, différents niveaux de contrôles s'imposeraient au développeur en fonction de la criticité et de l'enjeu du cas d'usage. Avec l'irruption de l'IA générative, un modèle de fondation de base peut couvrir un grand nombre de cas d'usage ou d'applications. Il est donc difficile de le faire rentrer dans un cadre par niveau de risque, une technologie aussi transverse et à usage général. En amendant dans l'urgence le texte, les parlementaires européens ont eux aussi fixé un seuil de capacité de calcul pour définir les modèles à la frontière technologique fixé à 10^25 Flops. Cette définition des modèles les plus avancés pourra changer en fonction des recommandations du bureau de l'IA, un groupe d'experts chargés d'éclairer la mise à jour de la standardisation au cours du temps en fonction de l'évolution de la technologie. Que signifie vraiment 10^25 Flops par rapport au seuil américain de 10^26 Flops ? Des calculs ont montré que 10^25 Flops équivaut à un coût d'entraînement de 10 millions de dollars dans le cloud contre

100 millions de dollars pour 10^26 Flops[1]. Ainsi, la régulation des grands modèles en Europe concernera potentiellement un nombre significativement plus grand d'entreprises ayant les ressources financières pour produire de tels modèles.

Approche chinoise

La Chine a adopté une approche verticale pour sa régulation avec un texte par domaine et type d'algorithme (systèmes de recommandation, médias sociaux et image, et maintenant generative AI). Cette approche permet d'être précis et spécifique mais cela demande beaucoup de coordination entre agences et des mises à jour régulières. En avril 2023, un texte soumis à relecture pour s'adapter à la vague ChatGPT a vu le jour avec deux dimensions importantes :

- Le texte impose un contrôle plus strict pour faire respecter le copyright dans les données qui servent à l'entraînement des modèles. Il inclut une clause exigeant des fournisseurs qu'ils « garantissent la véracité, l'exactitude, l'objectivité et la diversité des données ». Les termes de cette clause ne recouvrent pas des concepts techniques très clairs. Si ces règles devaient être appliquées ainsi rédigées, les groupes chinois pourraient avoir du mal à rassembler les énormes ensembles de données dont ils auraient besoin pour suivre le rythme de leurs concurrents internationaux.
- Le texte établit également la responsabilité des fournisseurs d'IA quant à la responsabilité qu'ils auront sur les contenus produits par les modèles. L'article 4 du nouveau texte mentionne explicitement que la régulation doit être conforme aux valeurs fondamentales du socialisme et ne doit pas « contenir de subversion du pouvoir de l'État ». Bien qu'un État autoritaire puisse à première vue apparaître plus efficace pour déployer la technologie car plus centralisé et ayant la possibilité de se projeter sur le temps long au contraire des démocraties, ce

1. https://jack-clark.net/2024/03/28/what-does-1025-versus-1026-mean/

point de régulation montre que la réalité est plus complexe. Le problème d'alignement des modèles sur la politique de censure chinoise (c'est-à-dire faire produire au modèle d'IA des textes alignés avec la censure) est le même que celui de l'alignement avec une politique de modération de contenu.

Grands enjeux de la régulation de l'IA

La régulation de l'IA est un processus de long terme, évolutif et très itératif. De nombreux sujets restent à traiter. Il ne faut pas oublier que si l'IA est une technologie issue du laboratoire, son déploiement dans la société reste une question fondamentalement politique. Nous listons ici un certain nombre de grands enjeux qui seront clés pour les efforts futurs de régulation.

- La question des droits d'auteur et du copyright est fondamentale. Dans le domaine du droit d'auteur et de la régulation de l'intelligence artificielle, un équilibre doit être trouvé entre la protection de la propriété intellectuelle et la promotion de l'innovation. Qui détient le copyright des résultats des modèles ? Est-ce qu'utiliser des copies de travaux sous copyright pour constituer un jeu de données est conforme aux lois du copyright ? Avant l'avènement de l'IA générative, certains équilibres ont su être trouvés. La notion de fair use (usage équitable) est par exemple un concept clé du droit d'auteur américain qui permet l'utilisation limitée d'œuvres protégées sans avoir à obtenir la permission de l'auteur ou du détenteur des droits. Cette doctrine est conçue pour équilibrer les intérêts des créateurs avec l'intérêt public. Ainsi, dans l'affaire Authors Guild contre Google, une cour d'appel américaine a estimé que la numérisation par Google de millions de livres protégés par des droits d'auteur provenant de bibliothèques de recherche afin d'en indexer le contenu constituait une utilisation équitable. Stability AI, une entreprise produisant des images avec l'IA, s'est appuyée sur ce cas pour justifier son utilisation équitable contre le fournisseur d'images Getty Images. Les situations ne sont pas complètement similaires : en indexant le contenu des livres, Google facilite la recherche de données pour les utilisateurs, et n'entre pas en concurrence directe avec l'œuvre ou son auteur. Stable Diffusion produit des images qui peuvent rivaliser avec les images ingérées de Getty Images. Enfin, des marchés de licences de données émergent pour l'ingestion d'œuvres en tant que données d'entraînement. On peut citer les accords entre Associated Press (AP) et OpenAI pour que la société californienne puisse utiliser sous licence une partie des archives textuelles de l'AP pour entraîner ses algorithmes d'intelligence artificielle.

- L'établissement de critères définissant les modèles à la frontière technologique. Il reste à voir si le seuil de calcul aujourd'hui utilisé en Europe et aux États-Unis pour définir les modèles d'IA les plus avancés est un bon indicateur du risque potentiel, ou si ce seuil pourrait être remplacé par une détermination plus nuancée qui évolue au fil du temps, en fonction de la réalité technologique. D'abord, la seule quantité de calcul ne peut être l'unique proxy pour déterminer les modèles les plus avancés. La recherche industrielle et académique produit déjà de nouvelles méthodes de développement de l'IA, moins coûteuses et plus efficaces. Les développeurs utilisent les moyens de calcul d'une manière différente ou réduite, en maximisant l'usage de modèles plus petits, moins consommateurs en ressources et très efficaces. Ces modèles sont les meilleurs de leurs classes (c'est-à-dire parmi les « petits » modèles), et définissent dès lors l'état de l'art technologique le plus avancé. Par ailleurs, selon la fameuse loi de Goodhart, « lorsqu'une mesure devient un objectif, elle cesse d'être une bonne mesure ». Lier l'usage du calcul à des exigences réglementaires strictes inciterait fortement les développeurs d'IA à trouver des moyens créatifs afin d'éviter la régulation. Plusieurs alternatives pourraient être utilisées : des critères techniques (taille du modèle ou du jeu de données) ou des critères plus commerciaux (par exemple, nombre d'utilisateurs par mois), etc. Une combinaison de critères pourrait aussi être envisagée.

- Autonomie et usage militaire de l'IA. Les questions d'autonomie, particulièrement l'encadrement de l'utilisation militaire de l'IA, commencent à émerger sur la scène internationale. En février 2023, les Pays-Bas ont accueilli le premier sommet mondial sur l'usage responsable de l'IA dans l'armée. En décembre de la même année, le bureau de non-prolifération et de désarmement de l'ONU et la Corée du Sud ont organisé une conférence pour traiter de la façon dont les usages civils de l'IA pouvaient éclairer l'usage militaire. L'encadrement des armes létales autonomes et plus généralement de l'IA déployée sur le champ de bataille soulève de nombreuses questions éthiques et de coordination internationale. L'Europe est limitée dans son champ d'action car elle ne dispose pas de la compétence de sécurité stratégique qui est exclue de ses prérogatives. L'AI Act européen a ainsi exclu les applications militaires de son cadre et de ses réflexions. Les États membres ne se sont pas positionnés de manière claire et lisible non plus : ils n'ont pas pris en compte les implications géopolitiques de l'IA.
- Convergence internationale. L'IA, en tant que technologie déterminante pour l'avenir de nos sociétés et économies, requiert une approche coordonnée pour assurer que son développement et son utilisation reflètent des valeurs universelles et respectent des standards éthiques partagés. La coopération internationale sur les définitions de l'IA, alignées sur celles de l'OCDE et du NIST américain, et sur les normes techniques, est un bon point de départ. Les différents forums internationaux tels que celui du G7 sous le processus de Hiroshima, et les sommets sur la sécurité de l'IA (Londres en 2023, Paris en 2024) visent à unifier les objectifs et les voix des différentes juridictions. Malgré les différences de rythme entre régions du monde – l'UE qui a finalisé son IA Act avant les États-Unis – et les divers systèmes juridiques, il est crucial que les efforts de régulation soient harmonisés autant que possible.
- Faire appliquer la régulation. Une fois les grands principes posés et les textes votés, le long processus de standardisation

de la norme, c'est-à-dire la transcription technique des normes juridiques, doit avoir lieu. Au niveau européen, la Commission européenne est chargée de mandater des organismes de normalisation (CENELEC, CEN ou ETSI par exemple) pour émettre cette « normalisation harmonisée » sur le continent. Ces standards spécifient des solutions techniques qui, si elles sont respectées par le développeur de systèmes d'IA, lui garantissent une présomption de conformité aux directives de la Commission. Les systèmes les plus avancés pourront nécessiter des audits réalisés sur site par le régulateur. Dans un contexte global de grande asymétrie de moyens et de ressources entre des laboratoires privés de recherche en IA très bien dotés et des pouvoirs publics souvent démunis, la Commission européenne doit donc recruter des talents en IA ayant la capacité d'inspecter la fabrication des modèles les plus avancés. Généralement, étant les seuls à pouvoir produire les modèles les plus performants, les centres privés attirent les meilleurs talents et font la course seuls en tête. En particulier, l'écart entre la réalité de la technologie déployée dans l'industrie et la perception qu'en ont les décideurs publics s'est considérablement accru, au risque de concentrer le débat sur des chimères technologiques détournant des véritables problèmes sociétaux posés par l'IA.

Résumé

Avec l'émergence de technologies telles que ChatGPT et l'intelligence artificielle générative, le défi de la régulation se fait encore plus pressant. La rapidité des progrès dans ces domaines exige des régulateurs une approche de co-construction des normes avec un éventail d'acteurs plus large que par le passé, au lieu d'adopter une démarche directive. Cette nécessité rappelle les débats sur la bioéthique qui ont émergé dans les années 1970, soulignant que la régulation des technologies est fondamentalement un choix sociétal et, de ce fait, un processus en constante évolution. Les défis liés à la régulation de l'IA et de l'IA générative sont particulièrement complexes en raison de la difficulté à définir précisément ces technologies, de leur nature stochastique et de l'opacité des modèles sur lesquels elles reposent. Cette opacité est aggravée par l'hypercroissance de l'écosystème qui rend immédiatement obsolètes des savoirs difficilement acquis par des régulateurs parfois mal équipés sur le plan technique. Si la régulation est évidemment primordiale pour permettre l'adoption, créer du consensus et de la confiance envers cette technologie est un processus itératif. Son élaboration doit pouvoir être suffisamment spécifique dans son champ d'application pour guider l'ingénieur, inclusive et ouverte dans sa démarche pour prendre en compte toutes les parties prenantes, et sélective dans ses priorités afin d'être efficace. Les standards techniques qui découlent du cadre général et des grands principes et qui permettent aux ingénieurs une présomption de conformités doivent être, quant à eux, adaptables et flexibles pour demeurer fidèles à l'esprit du texte lorsque la technologie évolue.

Chapitre 18

Le défi du travail

Trois réponses politiques

Article publié dans les Échos le 26 avril 2019

« Vivre libre en travaillant ou mourir en combattant. » En 1831, c'est sous cette devise que les canuts, ouvriers lyonnais de la soie, se rassemblent et détruisent les métiers mécaniques qui commencent à prendre leur place dans les usines. Dans l'histoire moderne, la technologie a systématiquement conduit à des destructions d'emploi, souvent lourdes de conséquences sociales. Mais elle a toujours pris la peine, ensuite, d'en créer de nouveaux. Très vite, c'est dans les mines de charbon qu'explose la demande de bras afin d'alimenter les nouvelles machines à vapeur en pleine expansion.

La révolution de l'intelligence artificielle menace aujourd'hui de bouleverser cette grille de lecture schumpétérienne et un peu optimiste du développement économique qui fait loi depuis un siècle. Les nouvelles techniques d'apprentissage statistique et d'apprentissage profond automatisent des tâches autrefois épargnées parce qu'à haute valeur ajoutée. L'expérience d'un conducteur automobile, l'intuition d'un médecin radiologue, le savoir-faire d'un expert-comptable ou d'un avocat, jusque-là inimitables par la machine, sont désormais intégrés, captés par les algorithmes. L'éducation ne protège plus. Qualifiés ou non, tous les emplois à contenu intellectuel sont concernés par ce remplacement. Des entreprises comme Doctrine ou

Legalstart en France dans le domaine du droit, ou certains projets de Calico, la filiale santé de Google, ont déjà initié le processus. Et dans nos sociétés tertiarisées, c'est la grande majorité des emplois qui sont directement menacés.

Alors que les effets sociaux d'une telle perspective se font sentir chaque jour avec plus de force, trois types de politiques tentent d'apporter des réponses : le malthusien, le canut et le schumpétérien.

Le malthusien, héritier du philosophe anglais du XVIIIe siècle Thomas Malthus, pense le travail comme un gâteau qui se partage. Quand le gâteau rétrécit, il veut réduire la taille de chacune des parts. C'est la logique qui anime aujourd'hui les tenants de la semaine des 32 heures. Défaitiste, la posture prend au moins la mesure du problème : si le temps de travail diminue, autant s'organiser et éviter l'injustice et le chaos des systèmes de réduction implicites de ce temps de travail permis par la flexibilité des nouveaux contrats courts (*Minijob* en Allemagne, *Zero Hour Job* en Angleterre).

Le canut tente, lui, de détruire la machine. Mais pas question aujourd'hui de sortir la batte de baseball. Quand la machine remplaçait les bras de l'homme, l'homme utilisait sa force pour la démolir en retour. Quand la machine se substitue à son intellect, l'homme se sert de son cerveau. Ainsi, les normes et réglementations visant à encadrer l'utilisation des ordinateurs, telle la taxe sur les machines proposée par Bill Gates [...] s'intègrent dans ce schéma : en visant sa capacité productive et sa rentabilité, on cherche une nouvelle fois à détruire la machine.

Finalement, la réponse la plus classique reste celle du schumpétérien. Éternel optimiste, il pense encore que la clé du problème réside dans l'éducation. C'est « par le haut » qu'il veut sortir de la crise, et se fait l'ardent avocat des études supérieures pour tous. Certes, c'est la plus belle des trois postures. Mais c'est aussi celle qui a le moins intégré la forme exceptionnelle de la révolution de l'IA. Qualifiés ou non, la grande majorité des emplois sont directement menacés de remplacement. Une société de jeunes suréduqués mais sans perspective d'emploi à la mesure de leur formation promet une frustration colossale des prochaines générations. En 2011, c'est ce décalage qui avait alimenté le terreau de la révolution tunisienne.

Résumé

Conclusion : aucune des trois réponses n'est à elle seule satisfaisante, et il reste à repenser notre relation au travail sous peine de voir sombrer notre modèle de société, victime collatérale d'un développement technologique devenu la seule mesure du développement de notre civilisation.

Chapitre 19

La France, puissance de l'IA ?

Le nouvel écosystème français

Le risque de déclassement

Sur le papier, la France dispose de nombreux atouts technologiques et économiques sur lesquels elle doit s'appuyer afin de ne pas accumuler un retard dans la maîtrise et la diffusion de la technologie qui serait rédhibitoire. Sans une mobilisation collective, ce retard pourrait avoir des répercussions considérables, incluant un ralentissement économique, une diminution de la souveraineté nationale, une concentration accrue des richesses et des tensions sociales, qui pourraient à terme affecter la stabilité démocratique. Cependant, l'intelligence artificielle offre des opportunités qu'il est possible d'exploiter pour soutenir une vision politique et développer un projet de société.

À ce jour, la France n'est pas en avance : ni dans la maîtrise technologique de l'IA ni dans son déploiement dans le tissu économique. À mesure que la performance des modèles d'IA s'accroît, les entreprises françaises encourent donc, dans l'ensemble, le risque d'un déclin (des marges, de la valeur, des parts de marché), voire d'une disruption. Le rapport Villani mentionnait déjà que « la France et l'Europe doivent faire entendre leur voix et s'efforcer de rester indépendantes.

Mais la concurrence est rude : les États-Unis et la Chine sont à la pointe de cette technologie et leurs investissements dépassent de loin ceux réalisés en Europe. [...] Parce qu'à bien des égards, la France et l'Europe peuvent déjà faire figure de colonies numériques[1]. » En s'emparant de la technologie, elles pourraient a contrario bénéficier de gains majeurs de productivité et de compétitivité.

Accompagner la diffusion de l'IA dans l'économie française

Lorsqu'on tente d'évaluer l'avantage technologique d'un État, on a tendance à se préoccuper en priorité de sa capacité d'innovation (« Quel État sera le premier à réaliser des percées en matière d'innovation de rupture ? ») en négligeant souvent la capacité de diffusion : la capacité d'un État à répandre, à faire adopter rapidement et massivement, et à adapter à la volée les innovations après leur introduction initiale dans les processus de production. La France et l'Europe ont un rôle fondamental à jouer afin d'accélérer la diffusion de l'IA en s'appuyant sur trois facteurs actuellement limitants : la sécurité de l'IA, les talents internationaux et les ressources computationnelles. Pour cela, la France devra se positionner sur quatre enjeux cruciaux : l'accompagnement de la diffusion de l'IA sur le lieu de travail, la sécurité de l'IA, la bataille des talents et la sécurisation des capacités de calculs les plus avancées.

Accompagner la diffusion de l'IA sur le lieu de travail

L'IA ne peut être une technologie du fait accompli, où la conception des outils de l'automatisation, sa mise en œuvre et ses bénéfices seraient réservés à un petit nombre d'experts, qu'ils soient entre-

1. https://www.enseignementsup-recherche.gouv.fr/fr/rapport-de-cedric-villani-donner-un-sens-l-intelligence-artificielle-ia-49194

preneurs, ingénieurs ou chercheurs. Les citoyens français semblent majoritairement perplexes, voire anxieux, vis-à-vis de l'IA et de la transition technologique en cours. Un sondage Ipsos pour le AI Index de l'université de Stanford[1] classe ainsi la France en dernière position des pays les plus optimistes sur les bénéfices de l'utilisation de l'IA. L'Allemagne, les Pays-Bas ou les États-Unis occupent également les dernières places d'un classement dominé par la Chine et l'Arabie Saoudite. Pour zoomer sur les différences de perceptions entre les catégories d'actifs, une étude du Boston Consulting Group[2] rapporte trois chiffres éclairants : plus des deux tiers des salariés estiment que leurs métiers pourraient être voués à disparaître dans les dix prochaines années ; les travailleurs de première ligne sont significativement plus pessimistes vis-à-vis de l'IA que les managers ou les décideurs[3]. Plus de 85 % de ces travailleurs de première ligne estiment ne pas avoir reçu la formation continue nécessaire pour appréhender l'IA, avec trente points de pourcentage d'écart avec les décideurs. Le risque de fracture du pacte social et démocratique existe donc. Le rôle des partenaires sociaux dans l'accompagnement de l'automatisation et l'élaboration des nouvelles conditions de travail à l'heure de l'IA générative devient un enjeu crucial pour signer de bons accords accompagnant les actifs dans la transition technologique. Pour le chercheur Yann Le Cun, « tout accord qui aurait pour conséquence de limiter l'effet de la technologie sur la productivité – c'est particulièrement vrai pour l'IA – est perdant à long terme. Cette erreur a été faite en France il y a quelques décennies. Au moment de la robotisation de la production, on a un peu résisté en disant que cela mettait les emplois en péril. Le résultat est très net : la productivité française végète. L'Allemagne a embrassé la révolution digitale et son taux de chômage est bien inférieur à celui de la France ». Certains exemples concrets déjà à l'œuvre montrent qu'un tel accompagnement raisonné est possible. Aux États-Unis,

1. https://aiindex.stanford.edu/report/
2. https://www.bcg.com/publications/2023/what-people-are-saying-about-ai-at-work
3. 20 points de pourcentage d'écart.

le syndicat des scénaristes d'Hollywood, a ainsi permis de trouver un compromis vertueux avec les studios de production pour assurer des conditions de rémunération et d'emploi pérenne pour les scénaristes et leur assurer d'être toujours au centre de la détermination de l'utilisation de l'IA. Une telle automatisation, certainement produit de compromis et de mutations contraintes, permettra d'accélérer de l'accès des actifs aux bons emplois et non de le restreindre, en créant de nouvelles tâches pour augmenter la productivité des actifs.

Le nouvel écosystème français de l'IA générative

L'écosystème de l'IA générative est en plein essor en France, particulièrement à Paris. De grands acteurs de l'écosystème de la capitale ambitionnent de devenir des leaders mondiaux de l'IA et de faire de la technologie un levier de souveraineté nationale et européenne. La start-up parisienne Mistral, dirigée par d'anciens ingénieurs de chez DeepMind et Meta, souligne dans une note que l'Europe « n'a pas encore su faire émerger de concurrent sérieux » dans la construction de foundation models (notamment les large language models que la start-up se propose de développer), et ajoute « qu'il s'agit d'un enjeu géopolitique majeur compte tenu de la puissance (et des dangers) de cette nouvelle technologie ». Dans la foulée, les levées de fonds importantes se succèdent pour consolider cet écosystème parisien. Poolside, start-up cofondée par Jason Warner, ex-CTO de GitHub, se relocalisant à Paris, ou la création du laboratoire d'IA Kyutai affichant son ambition de promouvoir la science ouverte, sont autant d'exemples qui illustrent la dynamique favorable et l'attraction croissante de la capitale française pour les innovateurs et les chercheurs en intelligence artificielle. Ces initiatives contribuent non seulement à renforcer la position de Paris sur la carte mondiale de l'IA, mais aussi à créer un environnement propice à l'expérimentation et à la collaboration internationale. Il faut cependant noter que beaucoup de ces pépites de l'IA sont soutenues par des fonds de capital-risque américains. Les investissements annoncés dans le cadre du forum de

VivaTech de juin 2023 par le président Emmanuel Macron (supercalculateur, plan de formation, fonds d'amorçage pour les start-up de l'IA génératives, communs numériques pour l'IA générative, etc.) s'inscrivent dans le vaste plan France 2030 dont l'ambition affichée est également de soutenir la souveraineté technologique et numérique. Ce repositionnement avait également été initié dans le plan stratégique de l'Inria (ou « contrat d'objectifs et de performance avec l'État pour 2019-2023[1] ») qui définit la mission principale de l'institut. Il assumait d'en faire « un bras armé de l'État pour construire la souveraineté numérique de la nation engagée dans la dynamique européenne, par la recherche ».

Devenir un leader de la sécurité de l'IA

Plutôt que de spéculer sur les risques existentiels de l'IA, l'Europe pourrait développer un écosystème puissant de R&D sur la sécurité et la fiabilité de l'IA et se positionner en pionnière de l'audit de l'IA générative. L'Europe peut saisir l'opportunité unique de s'imposer comme un leader mondial sur cet enjeu critique.

La bataille des talents

La France dispose de formidables talents mais n'en forme pas assez. Sur le marché ultra-compétitif des talents internationaux, elle doit progresser dans l'attractivité des talents internationaux, chercheurs mais aussi ingénieurs d'application capables d'adapter l'IA générative à des applications spécifiques. Un prototype comme ChatGPT n'est pas un produit mature. Déployer un prototype ne signifie pas que l'on dispose d'une technologie assez mature capable de transformer le lieu de travail d'une manière à générer des gains de productivité. La marge de progression reste encore significative : une étude récente de Sequoia révèle que Londres possède plus de trois fois plus de

1. https://www.inria.fr/sites/default/files/2020-02/COP_INRIA_2019-2023_version-finalesssignatures.pdf

talents en IA (12,29 % des talents disponibles en Europe) que Paris (3,81 %). Par ailleurs, OpenAI a choisi la capitale britannique comme lieu d'implantation de son premier bureau en Europe. Quant à TSMC, l'entreprise taïwanaise, leader mondial des semi-conducteurs indispensables au développement de l'IA, a choisi l'Allemagne pour implanter sa première usine en Europe[1]. La France doit aussi miser sur l'immigration à certaines conditions. Les immigrés s'avèrent être de très prolifiques innovateurs lorsque ceux-ci sont durablement établis dans le pays, après plusieurs années. Après 1920, les immigrés européens arrivés sur le sol américain depuis dix ans avaient une probabilité plus forte d'innover que les nouveaux arrivants. Entre 1976 et 2012, les immigrés ont contribué à 23 % de la production totale américaine (plus que leur poids démographique de 16 %). Les cerveaux issus de l'immigration apportent des compétences qui ne correspondent pas forcément aux points forts du pays d'accueil. La France doit donc donner du temps aux talents internationaux pour réussir et miser sur la jeunesse et comme a su le faire la Silicon Valley où les moyennes d'âge des ingénieurs des start-up technologiques sont très basses. Elle doit également faire le pari de la diversité : dans la Silicon Valley, 68 % des ingénieurs et 75 % des femmes travaillant dans la tech sont nés à l'étranger[2]. En comparaison, sur les 60 000 étudiants que compte le campus de l'université de Paris-Saclay, seuls 12 % sont des étudiants internationaux.

Accroître les capacités de calcul pour dynamiser l'IA générative

L'accès aux capacités de calcul est un autre facteur limitant. L'Europe doit redoubler d'ambition dans ses efforts de financements de supercalculateurs pour suivre la dynamique exponentielle de la demande en calcul pour faire passer à l'échelle ces modèles. À l'heure actuelle, un des plus grands modèles d'IA générative entraîné par un centre

1. https://www.reuters.com/technology/taiwan-chipmaker-tsmc-approves-38-bln-germany-factory-plan-2023-08-08/
2. https://jointventure.org/publications/silicon-valley-index

Résumé

Avec la publication du rapport Villani sur l'IA en 2018, la France fut l'un des premiers pays à adopter une vision globale pour l'IA. La stratégie française en IA s'appuie également sur des préoccupations géopolitiques, contrairement à celle de la plupart des autres pays européens. Si le risque de déclassement est bien réel en cas de statu quo, les opportunités économiques et les bénéfices sociétaux peuvent être très conséquents en cas d'application rapide d'une stratégie holistique et ambitieuse pour accompagner la diffusion de l'IA dans l'économie française. Enfin, l'exemple de la conservation de l'exception culturelle française démontre le besoin d'une maîtrise française et européenne de l'IA.

Chapitre 20

Quelle attitude adopter face à l'IA ?

Naviguer entre crainte et enthousiasme

L'IA échappe à toutes les cloisons intellectuelles qu'on aurait cru pouvoir mettre autour d'elle. On a cru que c'était un sujet technique, on redécouvre que c'est un sujet politique. On a cru que c'était un sujet exclusif de la science algorithmique et de l'informatique, on redécouvre qu'elle se nourrit de pluridisciplinarité. On a cru que l'automatisation allait de soi, on redécouvre le rôle essentiel de l'humain dans son développement. Roy Amara, technologiste américain du XXIe siècle, énonçait que nous avons tendance à surestimer l'effet d'une technologie à court terme, et à le sous-estimer à long terme. Face à ce bouleversement technologique, il est nécessaire de naviguer entre crainte et enthousiasme et de comprendre où et comment agir avec pragmatisme.

Accompagner le changement technologique

Comme nous l'avons vu au chapitre 6, le progrès technique est aussi source de crise pour les secteurs obsolètes dont les produits vont être remplacés par les innovations. Le plus important pour une entreprise est d'accompagner le changement plutôt que d'essayer de lutter contre. Certaines professions peuvent légitimement ressentir une perte de statut face à ces gains de productivité. Que l'on soit une start-up, une PME, un grand groupe, un consommateur ou un simple citoyen, chacun subit les conséquences directes ou indirectes de l'IA. Les corps intermédiaires, partenaires sociaux, partis politiques, assemblées citoyennes, associations doivent accompagner le changement (voir chapitre 19).

Développer et utiliser de façon éclairée de la technologie

Historiquement[1], trois tendances ont accompagné les avancées du domaine sans anticipations des risques qu'elles induisaient : la compétition homme-machine (plutôt que la coopération), l'autonomie vis-à-vis de toute supervision humaine et la centralisation des ressources. L'objectif d'une machine débarrassée de toute supervision humaine traduisait une vision de l'intelligence intrinsèquement autonome plutôt que sociale, collective et relationnelle. La centralisation traduisait l'idée qu'une élite technique pourrait opérer de la manière la plus indépendante possible du reste de la société. Enfin la compétition homme-machine s'incarnait dans des pratiques d'évaluation de capacités de l'IA souvent peu fiables en ce qu'elles ne reflètent que très partiellement la réalité des performances de l'IA une fois utilisée dans la vie réelle. L'asymétrie d'information dans le débat en IA entre société civile et technologistes a largement été entretenue par la prévalence de ces préceptes historiques. Face à cela, des visions alternatives ont cependant pu se développer. Ainsi, celles de Steve Jobs imaginant la technologie comme « une bicyclette pour le cerveau » ou de Douglas C. Engelbart pensant « l'homme augmenté » ont su se démarquer des trajectoires d'autres pionniers de l'IA qui visaient à construire une machine « capable de remplacer le cerveau humain ».

1. https://ethics.harvard.edu/how-ai-fails-us

Il ne s'agit pas seulement de développer des technologies avancées, mais de les intégrer de manière réfléchie et harmonieuse dans le tissu social, en veillant à ce qu'elles servent l'intérêt commun et préservent nos valeurs fondamentales.

Accepter l'incertitude pour agir

Le développement de l'IA est par nature très itératif. Pour naviguer à travers l'incertitude de l'innovation et tirer pleinement profit de l'IA, l'expérimentation continue est inévitable. Engager des cycles d'expérimentation rapides qui permettent de tester des hypothèses et d'ajuster les approches en fonction des résultats obtenus est essentiel. Dans la sphère publique, l'administration ou l'industrie, il est inévitable de procéder par essais-erreurs pour s'approprier intimement la technologie. Promouvoir les logiques de co-constructions, les dialogues intersectoriels permet aussi de partager la connaissance acquise et le savoir-faire pour progresser plus rapidement sur la courbe d'expérience.

Mobiliser ses atouts pour inventer sa propre voie

Les démocraties libérales européennes ne peuvent se projeter dans la course des révolutions technologiques, industrielles en anthropologiques du siècle sans une conscience forte et partagée de leurs valeurs et de leurs implications politiques. La France qui a toujours été motivée par l'ouverture au monde ne doit pas regarder uniquement du côté de la Silicon Valley en se demandant ce qu'elle n'a pas. Trop souvent, la France rêve d'avoir son « Google français » ou son « Amazon français », voulant ainsi copier ou transposer un modèle d'innovation souvent fantasmé. Il est toujours difficile d'aller contre son âme collective, ses préférences naturelles ou ses habitudes quand on essaye de copier du jour au lendemain un modèle qui ne nous correspond pas. À l'inverse, la France peut inventer sa propre voie en utilisant l'opportunité de l'IA pour rebattre les cartes pour trouver sa grammaire française de l'innovation technologique.

Inventer ses propres récits et narratifs

Les narratifs et les récits jouent un rôle crucial dans la société en façonnant notre perception du futur et en illustrant des configurations à la fois souhaitables et plausibles de l'avenir, selon la formule du scientifique Étienne Klein. Sous le soleil californien des années 1960, la baie de San Francisco avait préparé un terreau propice à l'éclosion de la Silicon Valley avec les intuitions fertiles de la contre-culture ou l'enthousiasme du mouvement hippie dont se revendiquaient Jobs et Wozniak et dont l'aspiration à un monde meilleur se retrouve aussi dans le premier slogan de Google : « Don't be evil ». Pour l'Europe, l'âge de la maturité technologique est venu et il passe d'abord par la construction d'imaginaires communs qui inspirent en amont et en aval la recherche technologique de rupture. Ces lignes d'horizon initient une dynamique double : elles nourrissent la créativité des chercheurs qui aspirent à augmenter le champ des possibles et elles s'enrichissent en aval des innovations de rupture pour proposer sans cesse de nouvelles configurations de futurs possibles. Les narratifs et les récits sont essentiels pour orienter le développement de l'IA vers des chemins qui sont non seulement techniquement faisables mais aussi éthiquement désirables, assurant ainsi que les avancées technologiques contribuent véritablement à l'amélioration de notre société. Ils sont un outil puissant pour engager le public, susciter l'intérêt et la participation des citoyens, et forger un consensus sur l'avenir que nous choisissons de construire ensemble.

Résumé

Adopter une attitude rationnelle et pragmatique face à l'IA et le changement technologique est un défi collectif multidimensionnel pour la société. Cette dernière doit accompagner le changement technologique plutôt que lutter contre, encourager le développement et l'utiliser de façon éclairée de la technologie plutôt que de laisser s'établir un *fait accompli technologique*. Elle doit accepter l'incertitude pour agir plutôt que de rester paralysée. Elle doit mobiliser ses atouts propres plutôt que de transposer sans discernement des modèles venus d'ailleurs. Elle doit enfin inventer ses propres récits pour se projeter dans un futur souhaitable.

Conclusion

Du besoin d'éducation

Cinq principes directeurs

On l'a vu, les nouvelles manifestations de l'intelligence artificielle confrontent notre civilisation à une série de défis considérables. Ce qui était initialement une progression technologique s'est transformé en un puissant moteur de changements sociaux, affectant profondément notre quotidien. Nous n'en sommes qu'aux prémices. La transition est en cours et promet de redéfinir en profondeur notre relation au travail, au monde et à notre propre humanité. Toutefois, ces changements radicaux ne se feront pas du jour au lendemain. Ils s'inscrivent dans une évolution continue et à long terme, exigeant de l'humanité qu'elle mobilise ses capacités d'adaptation, une compétence clé qui a assuré sa survie au fil des millénaires. C'est ce processus que nous nommons l'éducation.

S'il veut rester maître à bord, l'homme doit continuer à apprendre, s'interroger, se former tout au long de la vie. L'éducation renforce sa capacité à naviguer avec succès dans ce paysage en constante évolution. Elle est la dernière clé de sa maîtrise, de sa grandeur, de sa survie.

Le monde consacre des ressources considérables pour éduquer les machines. En 2023 c'est 154 milliards de dollars investis par les entreprises et les gouvernements (rapport Statista 2024). Nombre des plus brillants cerveaux de notre planète consacrent leur temps, leur énergie, leur créativité à optimiser les processus d'apprentissage des machines pour permettre aux ordinateurs d'apprendre mieux, plus vite, plus intelligemment. Quel impact sur nos sociétés et notre niveau de vie collective si tant de ressources, d'énergie et de soin étaient consacrées à améliorer l'éducation des hommes !

La société française est plus méfiante que la moyenne sur l'IA. Prendre soin de la société, c'est donner à la jeunesse les moyens d'avoir confiance et de son émancipation collective. À l'heure de la grande transition technologique, l'éducation, la capacité de faire de tout jeune citoyen un acteur capable de participer à cette construction d'une société meilleure est le prérequis à toute ambition collective.

Les auteurs voudraient clore cet ouvrage en partageant cinq principes directeurs d'éducation, pour permettre à l'homme de garder le contrôle alors que s'ouvre cette nouvelle ère technologique.

Principe n° 1 : revaloriser les compétences nécessaires (sans langue de bois)

On l'a vu, l'IA menace nos métiers. La grande question est : « Lesquels ? »

On annonce depuis dix ans l'avènement de la voiture autonome, d'une blockchain qui changerait nos vies, de l'augmentation de la réalité via des lunettes intelligentes. On parle de la fin de la mort et de l'allongement structurel de la durée de nos vies… Les technologues se trompent en permanence. Au XXIe siècle, les technologies et leurs applications évoluent à toute allure, et les métiers concernés par l'automatisation aussi. Qui aurait cru, avant la sortie d'un GPT ou d'un Dall-E, que les métiers créatifs artistiques, graphiques, musicaux, seraient un jour menacés ?

Pour autant, certaines tendances se dessinent. Les tâches répétitives, digitales, d'analyse, de synthèse, portant sur le chiffre, le texte, l'image… sont déjà en cours de disruption. Et il est fondamental, dès aujourd'hui, d'orienter les apprentissages vers les métiers réellement en tension.

À ce stade, ces compétences sont de deux ordres :

Les compétences techniques de terrain

Le rapport Match du Gifen, le syndicat des métiers du nucléaire, annonce 6 000 à 10 000 recrutements annuels en France sur les dix prochaines années. Les métiers de l'industrie (chaudronnerie, électricité, génie civil, maintenance…) sont en pénurie permanente. Les métiers du soin (agent de service hospitalier, manipulateur de laboratoire, infirmier, auxiliaire de puériculture, auxiliaire spécialisé vétérinaire…) souffrent de leur manque d'attractivité. Oui, ces métiers sont difficiles et, oui, ils sont rarement rémunérés à la hauteur de leur pénibilité. Mais cette pénibilité se gère par la formation et le partage des heures, et la question de la rémunération doit être traitée, quand le marché ne suffit plus, par la solidarité collective. Le problème principal reste l'image de ces métiers. Les jeunes étudiants les plus brillants sont incités à aller chercher un diplôme d'ingénieur pour lequel les débouchés sont moindres. Il faut revaloriser les métiers de terrain, de technicien, d'opérateur, les métiers manuels, les métiers d'artisans… Et si l'emploi de nos pays dits « développés » tenait à une question de marketing ?

Les compétences interpersonnelles et la véritable création

Pensée critique, relation humaine, créativité disruptive, le cerveau humain conserve encore quelques atouts. Si l'IA peut générer des œuvres d'art grand public, rien encore de disruptif. Pas de *Guernica* sans l'émotion d'un Picasso touché par la guerre. Pas de *Bohemian Rhapsody* sans la folie d'un Freddie Mercury mû par son histoire personnelle.

Il faut éduquer, dès le plus jeune âge, à la sensibilité, au travail de groupe, à la compréhension de l'autre, à la communication. Ces choses-là s'apprennent. Et elles s'apprennent à l'école. Un monde en proie à un tumulte croissant aura besoin de ses aidants, de ses soignants du corps et de l'esprit.

Principe n° 2 : consacrer l'importance du savoir pour le savoir, du raisonnement pour le raisonnement

On l'a vu, l'IA menace les Lumières, autrement dit notre capacité à comprendre les phénomènes du monde. Pire, elle menace notre volonté de les comprendre. Nous vivons aujourd'hui le rêve des philosophes des siècles précédents. Nous nous baladons, à longueur de journée, avec l'intégralité du savoir de l'humanité dans la poche. À quoi bon alors apprendre sa récitation ! Il est crucial de continuer à valoriser ce savoir… pour lui-même.

Il nous appartient également de préserver notre faculté de raisonnement. Dans un monde où le diagnostic médical automatisé est le plus puissant, où la recherche de nouvelles molécules pharmaceutiques se fait par tirage statistique, où l'on A-teste des campagnes marketing sans comprendre pourquoi l'une marche plus que l'autre… cette faculté d'exercer sa déduction, sa logique réflexive devient inutile. À nous pourtant d'entretenir cet organe sous peine de le voir s'atrophier.

Dans *Apprendre !* (Odile Jacob, 2018), le neuroscientifique Stanislas Dehaene écrit : « S'il fallait résumer d'un mot le talent particulier de notre espèce, je retiendrais donc le verbe "apprendre". Plus que des Homo sapiens nous sommes des Homo docens – car ce que nous savons du monde, pour la plus grande part, ne nous a pas été donné : nous l'avons appris de notre environnement ou de notre entourage. Aucun autre animal n'a su, comme nous, découvrir les secrets du monde naturel. »

L'apprentissage, la connaissance, l'effort de leur acquisition, le travail de la démonstration… en un mot la curiosité (le meilleur des défauts) doivent être valorisés auprès des nouvelles générations, sous peine de voir émerger une humanité morne, passive, dépendante, esclave.

Principe n° 3 : former en circuit court

Un mot longtemps galvaudé par l'industrie de la tech est « agilité ». Et pourtant, c'est lui qui décrit le mieux la fluidité avec laquelle les apprentissages doivent évoluer au fil du temps.

D'année en année, les thèmes, sujets et débouchés doivent évoluer. Objectif : coller au mieux aux besoins des entreprises. L'offre de bras, de travail doit s'adapter à la demande. Et les entreprises, pourvoyeuses de cette demande, doivent participer plus activement à l'orientation et la création des enseignements des jeunes générations. Dans les pays anglo-saxons, de plus en plus d'entreprises ouvrent directement leurs écoles. C'est une bonne dynamique qu'il faut importer et soutenir.

Principe n° 4 : utiliser l'IA pour apprendre

Si l'IA pénètre tous les pans de l'économie, elle doit également entrer dans celui de l'éducation. Plus généralement, toutes les techniques d'apprentissage modernes sont bonnes à prendre. Mnémotechnie, flashcards, palais de mémoire, gamification, test aléatoire, outils digitaux en tout genre... L'IA doit aussi servir à faciliter notre apprentissage. Nos têtes blondes pourraient toutes bénéficier de cours de méthodologie. Apprendre à apprendre. Autant se servir de l'IA.

Principe n° 5 : éduquer aux enjeux de l'IA

Comprendre les arcanes de l'IA ne saurait être l'apanage d'une élite technologique. C'est une compétence fondamentale que chaque citoyen doit acquérir pour naviguer avec discernement dans un monde nouveau, confronté à de plus en plus de dilemmes éthiques. Chacun devra bientôt se positionner sur ces sujets, s'engager, a minima dans les urnes. En tant que citoyen, chacun doit entretenir un minimum de culture technologique pour éviter de devenir le spectateur passif d'une révolution technologique qui nous échappe, de céder aux discours alarmistes ou au contraire faussement rassurants. Mais l'éducation du citoyen ne se limite pas à une prise de conscience des risques potentiels de l'IA. C'est également une opportunité. Voilà donc l'objet du présent ouvrage : permettre une appropriation collective du sujet technologique pour mettre l'IA au service du bien commun.

FSC
www.fsc.org
MIXTE
Papier | Pour une gestion forestière responsable
FSC® C022829

Dépôt légal : août 2024
Achevé d'imprimer en juillet 2024
en France par La nouvelle imprimerie Laballery - 405656
Cet ouvrage a été imprimé sur du papier offset 90 g

de recherche en IA d'Abu Dhabi requiert plus de ressources computationnelles que l'intégralité de ce que peut fournir le plus puissant supercalculateur français dénommé Jean Zay. Dans un contexte de fortes tensions sur la chaîne de valeur mondiale des semi-conducteurs, l'accès aux ressources computationnelles pour les universités, administrations ou les PME européennes, est une condition sine qua non pour diffuser l'IA générative tout en maîtrisant l'intégralité de la chaîne de valeur.

L'exception culturelle française à l'ère de l'IA générative

À l'ère de l'intelligence artificielle générative, la préservation de l'exception culturelle française devient un enjeu majeur, suscitant à la fois des craintes et des initiatives spécifiques pour maintenir l'identité et la diversité culturelles de la France. Un des secteurs particulièrement touchés est celui du cinéma et de la fiction, où l'IA est capable de générer des scénarios et des dialogues. Les scénaristes français, par exemple, craignent que l'IA ne favorise la création de contenus standardisés. Dans le secteur du livre et de l'édition, certains ont évoqué le risque posé par l'IA de créer des textes générés automatiquement qui pourraient potentiellement saturer le marché avec des œuvres peu originales. Historiquement, la France a déjà dû négocier la protection de ses intérêts culturels contre les grandes plateformes numériques, comme en témoigne le conflit sur les droits voisins entre les GAFA et les organes de presse français. En 2019, la France a adopté une loi imposant aux plateformes comme Google de payer les éditeurs de presse pour réutiliser leurs contenus, une démarche qui reflète la volonté de protéger le secteur culturel national et de maintenir une rémunération équitable pour les créateurs de contenu. La France devra chercher non seulement à protéger ses industries culturelles mais aussi à poser les fondements d'une réflexion globale sur les implications de l'IA dans la création culturelle.